TRANZLATY

El idioma es para todos

语言属于每个人

El llamado de lo salvaje

野性的呼唤

Jack London
杰克·伦敦

Español / 普通话

Hacia lo primitivo
进入原始

Buck no leía los periódicos.
巴克不看报纸。

Si hubiera leído los periódicos habría sabido que se avecinaban problemas.
如果他读过报纸，他就会知道麻烦即将来临。

Hubo problemas, no sólo para él sino para todos los perros de la marea.
不仅他自己有麻烦，每一只潮水狗都遇到麻烦。

Todo perro con músculos fuertes y pelo largo y cálido iba a estar en problemas.
每只肌肉发达、毛发温暖且长的狗都会遇到麻烦。

Desde Puget Bay hasta San Diego ningún perro podía escapar de lo que se avecinaba.
从普吉特湾到圣地亚哥，没有一只狗能够逃脱即将发生的一切。

Los hombres, a tientas en la oscuridad del Ártico, encontraron un metal amarillo.
人们在北极的黑暗中摸索，发现了一种黄色的金属。

Las compañías navieras y de transporte iban en busca del descubrimiento.
轮船和运输公司都在追逐这一发现。

Miles de hombres se precipitaron hacia el norte.
数以千计的士兵涌入北国。

Estos hombres querían perros, y los perros que querían eran perros pesados.
这些人想要狗，而且他们想要的狗是重型狗。

Perros con músculos fuertes para trabajar.
拥有强健肌肉、能吃苦耐劳的狗。

Perros con abrigos peludos para protegerlos de las heladas.
狗有毛皮来抵御霜冻。

Buck vivía en una casa grande en el soleado valle de Santa Clara.

巴克住在阳光明媚的圣克拉拉谷的一所大房子里。

El lugar del juez Miller, se llamaba su casa.

这是米勒法官的住所，也就是他的房子。

Su casa estaba apartada de la carretera, medio oculta entre los árboles.

他的房子远离道路，半隐藏在树林中。

Se podían ver destellos de la amplia terraza que rodeaba la casa.

人们可以瞥见环绕房屋的宽阔阳台。

Se accedía a la casa mediante caminos de grava.

通往房屋的路是碎石车道。

Los caminos serpenteaban a través de amplios prados.

小路蜿蜒穿过宽阔的草坪。

Allá arriba se veían las ramas entrelazadas de altos álamos.

头顶上是高大的白杨树交错的枝干。

En la parte trasera de la casa las cosas eran aún más espaciosas.

房子的后部空间更加宽敞。

Había grandes establos, donde una docena de mozos de cuadra charlaban.

那里有大马厩，十几个马夫正在聊天

Había hileras de casas de servicio cubiertas de enredaderas.

有一排排爬满藤蔓的仆人小屋

Y había una interminable y ordenada serie de letrinas.

还有一排排整齐排列的户外厕所

Largos parrales, verdes pastos, huertos y campos de bayas.

长长的葡萄架、绿色的牧场、果园和浆果园。

Luego estaba la planta de bombeo del pozo artesiano.

然后还有自流井的抽水站。

Y allí estaba el gran tanque de cemento lleno de agua.

那里有一个装满水的大水泥罐。

Aquí los muchachos del juez Miller dieron su chapuzón matutino.

米勒法官的儿子们在这里进行了晨间跳水。

Y allí también se refrescaron en la calurosa tarde.

在炎热的下午，它们也在那里降温。

Y sobre este gran dominio, Buck era quien lo gobernaba todo.

在这片广阔的土地上，巴克是统治者。

Buck nació en esta tierra y vivió aquí todos sus cuatro años.

巴克在这片土地上出生，并在这里度过了他一生的四年。

Efectivamente había otros perros, pero realmente no importaban.

确实还有其他狗，但它们并不重要。

En un lugar tan vasto como éste se esperaban otros perros.

在如此广阔的地方，预计还会有其他狗。

Estos perros iban y venían, o vivían dentro de las concurridas perreras.

这些狗来来去去，或者住在繁忙的狗舍里。

Algunos perros vivían escondidos en la casa, como Toots e Ysabel.

有些狗像 Toots 和 Ysabel 一样，隐居在屋子里。

Toots era un pug japonés, Ysabel una perra mexicana sin pelo.

图茨是一只日本哈巴狗，伊莎贝尔是一只墨西哥无毛犬。

Estas extrañas criaturas rara vez salían de la casa.

这些奇怪的生物很少走出屋子。

No tocaron el suelo ni olieron el aire libre del exterior.

它们没有接触地面，也没有嗅到外面的空气。

También estaban los fox terriers, al menos veinte en número.

还有猎狐梗，数量至少有二十只。

Estos terriers le ladraron ferozmente a Toots y a Ysabel dentro de la casa.

这些梗犬在室内对着 Toots 和 Ysabel 凶猛地吠叫。

Toots e Ysabel se quedaron detrás de las ventanas, a salvo de todo daño.

图茨和伊莎贝尔躲在窗户后面，没有受到伤害。

Estaban custodiados por criadas con escobas y trapeadores.

他们由拿着扫帚和拖把的女佣守护着。

Pero Buck no era un perro de casa ni tampoco de perrera.

但巴克不是家犬，也不是犬舍犬。

Toda la propiedad pertenecía a Buck como su legítimo reino.

全部财产都属于巴克，是他的合法领地。

Buck nadaba en el tanque o salía a cazar con los hijos del juez.

巴克在水箱里游泳或与法官的儿子们一起去打猎。

Caminaba con Mollie y Alice temprano o tarde.

他总是在清晨或深夜与莫莉和爱丽丝一起散步。

En las noches frías yacía junto al fuego de la biblioteca con el juez.

在寒冷的夜晚，他与法官一起躺在图书馆的火炉前。

Buck llevaba a los nietos del juez en su fuerte espalda.

巴克用它强壮的背背载着法官的孙子们。

Se revolcó en el césped con los niños, vigilándolos de cerca.

他和孩子们一起在草地上打滚，密切守护着他们。

Se aventuraron hasta la fuente e incluso pasaron por los campos de bayas.

他们冒险前往喷泉，甚至穿过浆果田。

Entre los fox terriers, Buck caminaba siempre con orgullo real.

在猎狐梗中，巴克总是带着高贵的骄傲。

Él ignoró a Toots y Ysabel, tratándolos como si fueran aire.

他无视 Toots 和 Ysabel，把他们当空气一样对待。

Buck reinaba sobre todas las criaturas vivientes en la tierra del juez Miller.

巴克统治着米勒法官土地上的所有生物。

Él gobernaba a los animales, a los insectos, a los pájaros e incluso a los humanos.

他统治着动物、昆虫、鸟类，甚至人类。

El padre de Buck, Elmo, había sido un San Bernardo enorme y leal.

巴克的父亲埃尔莫是一只体型巨大、忠诚的圣伯纳犬。

Elmo nunca se apartó del lado del juez y le sirvió fielmente.

艾摩从未离开过法官的身边，并忠实地为他服务。

Buck parecía dispuesto a seguir el noble ejemplo de su padre.

巴克似乎准备效仿父亲的高尚榜样。

Buck no era tan grande: pesaba ciento cuarenta libras.

巴克的体型没有那么大，体重只有一百四十磅。

Su madre, Shep, había sido una excelente perra pastor escocesa.

他的母亲谢普（Shep）是一只优秀的苏格兰牧羊犬。

Pero incluso con ese peso, Buck caminaba con presencia majestuosa.

但即使体重如此之重，巴克走路时依然带着高贵的气质。

Esto fue gracias a la buena comida y al respeto que siempre recibió.

这源于他一直以来所受到的美食和尊重。

Durante cuatro años, Buck había vivido como un noble mimado.

四年来，巴克过着像被宠坏的贵族一样的生活。

Estaba orgulloso de sí mismo y hasta era un poco egoísta.

他对自己很骄傲，甚至有点自负。

Ese tipo de orgullo era común entre los señores de países remotos.

这种骄傲在边远的国主中很常见。

Pero Buck se salvó de convertirse en un perro doméstico mimado.

但巴克避免了成为被宠坏的家犬。

Se mantuvo delgado y fuerte gracias a la caza y el ejercicio.

他通过狩猎和锻炼保持了精瘦和强壮。

Amaba profundamente el agua, como la gente que se baña en lagos fríos.

他深爱水，就像在冷湖中沐浴的人一样。

Este amor por el agua mantuvo a Buck fuerte y muy saludable.

对水的热爱让巴克保持着强壮、健康的体魄。

Éste era el perro en que se había convertido Buck en el otoño de 1897.

这就是巴克在 1897 年秋天变成的那只狗。

Cuando la huelga de Klondike arrastró a los hombres hacia el gélido Norte.

当克朗代克矿脉将人们吸引到冰冻的北方时。

La gente acudió en masa desde todos los rincones del mundo hacia aquella tierra fría.

人们从世界各地涌入这片寒冷的土地。

Buck, sin embargo, no leía los periódicos ni entendía las noticias.

然而，巴克不看报纸，也不懂新闻。

Él no sabía que Manuel era un mal hombre con quien estar.

他不知道曼努埃尔是个坏人。

Manuel, que ayudaba en el jardín, tenía un problema profundo.

在花园帮忙的曼努埃尔遇到了一个严重的问题。

Manuel era adicto al juego de la lotería china.

曼努埃尔沉迷于中国彩票赌博。

También creía firmemente en un sistema fijo para ganar.

他也坚信固定的制胜体系。

Esa creencia hizo que su fracaso fuera seguro e inevitable.

这种信念使他的失败成为必然和不可避免的结果。

Jugar con un sistema exige dinero, del que Manuel carecía.

玩系统需要钱，而曼努埃尔缺乏钱。

Su salario apenas alcanzaba para mantener a su esposa y a sus numerosos hijos.

他的工资仅够养活他的妻子和几个孩子。

La noche en que Manuel traicionó a Buck, las cosas estaban normales.

曼努埃尔背叛巴克的那天晚上，一切都很正常。

El juez estaba en una reunión de la Asociación de Productores de Pasas.

法官当时正在参加葡萄干种植者协会的会议。

Los hijos del juez estaban entonces ocupados formando un club atlético.

当时，法官的儿子们正忙着组建一个运动俱乐部。

Nadie vio a Manuel y Buck salir por el huerto.

没有人看到曼努埃尔和巴克穿过果园离开。

Buck pensó que esta caminata era simplemente un simple paseo nocturno.

巴克以为这次散步只是一次简单的夜间散步。

Se encontraron con un solo hombre en la estación de la bandera, en College Park.

他们在学院公园的旗站只遇见了一个人。

Ese hombre habló con Manuel y intercambiaron dinero.

那个男人和曼努埃尔交谈，然后他们交换了钱。

"Envuelva la mercancía antes de entregarla", sugirió.

他建议道："发货前先把货物包好。"

La voz del hombre era áspera e impaciente mientras hablaba.

男人说话的声音很粗鲁，带着一丝不耐烦。

Manuel ató cuidadosamente una cuerda gruesa alrededor del cuello de Buck.

曼努埃尔小心翼翼地将一根粗绳子绑在巴克的脖子上。

"Si retuerces la cuerda, lo estrangularás bastante"

"拧动绳子，你就能把他勒死"

El extraño emitió un gruñido, demostrando que entendía bien.

陌生人咕哝了一声，表示他明白了。

Buck aceptó la cuerda con calma y tranquila dignidad ese día.

那天，巴克平静而庄重地接受了绳子。

Fue un acto inusual, pero Buck confiaba en los hombres que conocía.

这是一个不寻常的举动，但巴克信任他认识的人。

Él creía que su sabiduría iba mucho más allá de su propio pensamiento.

他相信他们的智慧远远超出了他自己的思维。

Pero entonces la cuerda fue entregada a manos del extraño.

但随后绳子就被交到了陌生人的手中。

Buck emitió un gruñido bajo que advertía con una amenaza silenciosa.

巴克发出一声低沉的咆哮，带着无声的威胁和警告。

Era orgulloso y autoritario y quería mostrar su descontento.

他骄傲而威严，意在表达他的不满。

Buck creyó que su advertencia sería entendida como una orden.

巴克相信他的警告会被理解为命令。

Para su sorpresa, la cuerda se tensó rápidamente alrededor de su grueso cuello.

令他震惊的是，绳子紧紧地勒住了他粗壮的脖子。

Se quedó sin aire y comenzó a luchar con una furia repentina.

他的呼吸被切断，他突然愤怒地开始战斗。

Saltó hacia el hombre, quien rápidamente se encontró con Buck en el aire.

他向那人扑去，那人很快在半空中与巴克相遇。

El hombre agarró la garganta de Buck y lo retorció hábilmente en el aire.

那人抓住巴克的喉咙，熟练地将他扭到空中。

Buck fue arrojado al suelo con fuerza, cayendo de espaldas.

巴克被重重地摔倒，仰面朝天地摔在地上。

La cuerda ahora lo estrangulaba cruelmente mientras él pateaba salvajemente.

当他疯狂地踢腿时，绳子残忍地勒住了他。

Se le cayó la lengua, su pecho se agitó, pero no recuperó el aliento.

他的舌头掉了下来，胸口起伏，但却没有呼吸。

Nunca había sido tratado con tanta violencia en su vida.
他一生中从未遭受过如此暴力的对待。

Tampoco nunca antes se había sentido tan lleno de furia.
他也从来没有感到过如此强烈的愤怒。

Pero el poder de Buck se desvaneció y sus ojos se volvieron vidriosos.
但巴克的力量逐渐减弱，他的眼神变得呆滞。

Se desmayó justo cuando un tren se detuvo cerca.
就在附近一列火车停下来时，他昏了过去。

Luego los dos hombres lo arrojaron rápidamente al vagón de equipaje.
随后两人迅速将他扔进行李车。

Lo siguiente que sintió Buck fue dolor en su lengua hinchada.
巴克接下来感觉到的是肿胀的舌头疼痛。

Se desplazaba en un carro tambaleante, apenas consciente.
他坐在摇晃的车里，意识模糊。

El agudo grito del silbato del tren le indicó a Buck su ubicación.
火车的尖锐汽笛声告诉了巴克他的位置。

Había viajado muchas veces con el Juez y conocía esa sensación.
他经常和法官一起骑马，所以了解这种感觉。

Fue una experiencia única viajar nuevamente en un vagón de equipajes.
这是再次乘坐行李车旅行时独特的震撼。

Buck abrió los ojos y su mirada ardía de rabia.
巴克睁开双眼，目光中燃烧着愤怒。

Esta fue la ira de un rey orgulloso destronado.
这是一位被从王位上赶下来的骄傲国王的愤怒。

Un hombre intentó agarrarlo, pero Buck lo atacó primero.
一个人伸手去抓他，但巴克先动手了。

Hundió los dientes en la mano del hombre y la sujetó con fuerza.

他咬住男人的手，紧紧地握住。

No lo soltó hasta que se desmayó por segunda vez.

直到第二次昏过去，他才松手。

—Sí, tiene ataques —murmuró el hombre al maletero.

"是的，发作了，"那人对行李员低声说道。

El maletero había oído la lucha y se acercó.

行李员听到了打斗声并走近了。

"Lo llevaré a Frisco para el jefe", explicó el hombre.

"我要带他去旧金山见老板，"那人解释道。

"Allí hay un buen veterinario que dice poder curarlos".

"那里有一位优秀的狗医生，他说他可以治好它们。
"

Más tarde esa noche, el hombre dio su propio relato completo.

当晚晚些时候，该男子讲述了他的完整经历。

Habló desde un cobertizo detrás de un salón en los muelles.

他在码头一家酒吧后面的棚子里发表了讲话。

"Lo único que me dieron fueron cincuenta dólares", se quejó al tabernero.

"我只得到了五十美元，"他向酒吧服务员抱怨道。

"No lo volvería a hacer ni por mil dólares en efectivo".

"我不会再这么做了，哪怕是为了一千美元现金。"

Su mano derecha estaba fuertemente envuelta en un paño ensangrentado.

他的右手被一块沾满鲜血的布紧紧包裹着。

La pernera de su pantalón estaba abierta de par en par desde la rodilla hasta el pie.

他的裤腿从膝盖到脚被撕开了一道口子。

—¿Cuánto le pagaron al otro tipo? —preguntó el tabernero.

"另一个家伙得到了多少钱？"酒吧服务员问道。

"Cien", respondió el hombre, "no aceptaría ni un centavo menos".

"一百，"那人回答，"少一分钱他也不会收。"

—Eso suma ciento cincuenta —dijo el tabernero.

"一共一百五十，"酒吧老板说。

"Y él lo vale todo, o no soy más que un idiota".

"他值得我为他付出一切，否则我就和傻瓜没什么两样。"

El hombre abrió los envoltorios para examinar su mano.

该男子打开包装纸检查他的手。

La mano estaba gravemente desgarrada y cubierta de sangre seca.

这只手被严重撕裂，上面布满了干涸的血迹。

"Si no consigo la hidrofobia…" empezó a decir.

"如果我没有得恐水症……"他开始说道。

"Será porque naciste para la horca", dijo entre risas.

"那是因为你生来就是要挂的，"一阵笑声传来。

"Ven a ayudarme antes de irte", le pidieron.

有人问道："走之前先来帮我一下。"

Buck estaba aturdido por el dolor en la lengua y la garganta.

巴克因舌头和喉咙疼痛而陷入昏迷。

Estaba medio estrangulado y apenas podía mantenerse en pie.

他被勒得半死，几乎站不起来。

Aún así, Buck intentó enfrentar a los hombres que lo habían lastimado.

尽管如此，巴克还是试图面对那些伤害过他的人。

Pero lo derribaron y lo estrangularon una vez más.

但他们又一次把他摔倒并勒住他的脖子。

Sólo entonces pudieron quitarle el pesado collar de bronce.

只有这样，他们才能锯掉他沉重的黄铜项圈。

Le quitaron la cuerda y lo metieron en una caja.

他们解开绳子，把他塞进一个板条箱里。

La caja era pequeña y tenía la forma de una tosca jaula de hierro.

这个箱子很小，形状像一个粗糙的铁笼子。

Buck permaneció allí toda la noche, lleno de ira y orgullo herido.

巴克整晚躺在那里，心中充满愤怒和受伤的自尊。

No podía ni siquiera empezar a comprender lo que le estaba pasando.

他无法理解自己身上到底发生了什么事。

¿Por qué estos hombres extraños lo mantenían en esa pequeña caja?

这些陌生人为什么要把他关在这个小箱子里？

¿Qué querían de él y por qué este cruel cautiverio?

他们想要从他身上得到什么？为什么要对他进行如此残酷的囚禁？

Sintió una presión oscura; una sensación de desastre que se acercaba.

他感到一股黑暗的压力；一种灾难正在逼近的感觉。

Era un miedo vago, pero que se apoderó pesadamente de su espíritu.

这是一种模糊的恐惧，但它却沉重地压在他的心头。

Saltó varias veces cuando la puerta del cobertizo vibró.

有好几次，当棚门嘎嘎作响时，他都跳了起来。

Esperaba que el juez o los muchachos aparecieran y lo rescataran.

他希望法官或男孩们出现并拯救他。

Pero cada vez sólo se asomaba el rostro gordo del tabernero.

但每次只有酒吧老板的胖脸向里面张望。

El rostro del hombre estaba iluminado por el tenue resplandor de una vela de sebo.

一支牛脂蜡烛昏暗的光芒照亮了男人的脸。

Cada vez, el alegre ladrido de Buck cambiaba a un gruñido bajo y enojado.

每次，巴克欢快的吠叫都会变成低沉而愤怒的咆哮。

El tabernero lo dejó solo durante la noche en el cajón.

酒吧老板把他独自留在板条箱里过夜

Pero cuando se despertó por la mañana, venían más hombres.

但当他早上醒来时，更多的人来了。

Llegaron cuatro hombres y recogieron la caja con cuidado y sin decir palabra.

四个男人走了过来，一言不发地小心翼翼地抬起了板条箱。

Buck supo de inmediato en qué situación se encontraba.

巴克立刻意识到自己所处的境地。

Eran otros torturadores contra los que tenía que luchar y a los que tenía que temer.

他们进一步折磨着他，他必须与之斗争，并惧怕他们。

Estos hombres parecían malvados, andrajosos y muy mal arreglados.

这些人看上去邪恶、衣衫褴褛，而且衣着很差。

Buck gruñó y se abalanzó sobre ellos ferozmente a través de los barrotes.

巴克咆哮着，透过栅栏凶猛地向他们扑来。

Ellos simplemente se rieron y lo golpearon con largos palos de madera.

他们只是大笑并用长木棍戳他。

Buck mordió los palos y luego se dio cuenta de que eso era lo que les gustaba.

巴克咬了咬树枝，然后意识到这就是它们喜欢的东西。

Así que se quedó acostado en silencio, hosco y ardiendo de rabia silenciosa.

于是他静静地躺下，闷闷不乐，心中却燃烧着愤怒。

Subieron la caja a un carro y se fueron con él.

他们把板条箱抬到一辆马车上，然后把他带走了。

La caja, con Buck encerrado dentro, cambiaba de manos a menudo.

巴克被锁在箱子里，箱子经常易手。

Los empleados de la oficina exprés se hicieron cargo de él y lo atendieron brevemente.

快递办公室的工作人员接手了此事，并对他进行了简单的处理。

Luego, otro carro transportó a Buck a través de la ruidosa ciudad.

然后另一辆马车载着巴克穿过喧闹的小镇。

Un camión lo llevó con cajas y paquetes a un ferry.

一辆卡车将他连同箱子和包裹一起运上了渡船。

Después de cruzar, el camión lo descargó en una estación ferroviaria.

过境后，卡车将他卸在了火车站。

Finalmente, colocaron a Buck dentro de un vagón expreso que lo esperaba.

最后，巴克被安置在一辆等候的快车车厢里。

Durante dos días y dos noches, los trenes arrastraron el vagón expreso.

两天两夜，火车拉着特快车前行。

Buck no comió ni bebió durante todo el doloroso viaje.

在整个痛苦的旅途中，巴克既没吃也没喝。

Cuando los mensajeros expresos intentaron acercarse a él, gruñó.

当快递员试图接近他时，他发出咆哮声。

Ellos respondieron burlándose de él y molestándolo cruelmente.

他们以残酷的方式嘲笑和戏弄他。

Buck se arrojó contra los barrotes, echando espuma y temblando.

巴克猛地扑向铁栏，口吐白沫，浑身发抖

Se rieron a carcajadas y se burlaron de él como matones del patio de la escuela.

他们大笑起来，像校园恶霸一样嘲笑他。

Ladraban como perros de caza y agitaban los brazos.

他们像假狗一样狂吠，并挥舞着手臂。

Incluso cantaron como gallos sólo para molestarlo más.

它们甚至像公鸡一样啼叫，只是为了让他更加难过。

Fue un comportamiento tonto y Buck sabía que era ridículo.

这是愚蠢的行为，巴克知道这很荒谬。

Pero eso sólo profundizó su sentimiento de indignación y vergüenza.

但这只会加深他的愤怒和羞耻感。

Durante el viaje no le molestó mucho el hambre.

旅途中他并没有太受饥饿的困扰。

Pero la sed traía consigo un dolor agudo y un sufrimiento insoportable.

但口渴会带来剧烈的疼痛和难以忍受的痛苦。

Su garganta y lengua secas e inflamadas ardían de calor.

他的喉咙和舌头干燥发炎，灼热难耐。

Este dolor alimentó la fiebre que crecía dentro de su orgulloso cuerpo.

这种痛苦使他骄傲的身体里升起了高烧。

Buck estuvo agradecido por una sola cosa durante esta prueba.

在这次审判中，巴克唯一感恩的就是一件事。

Le habían quitado la cuerda que le rodeaba el grueso cuello.

他粗壮脖子上的绳子已经解开了。

La cuerda había dado a esos hombres una ventaja injusta y cruel.

绳索给那些人带来了不公平且残酷的优势。

Ahora la cuerda había desaparecido y Buck juró que nunca volvería.

现在绳子不见了，巴克发誓它永远不会回来。

Decidió que nunca más volvería a pasarle una cuerda al cuello.

他决心不再让绳子缠绕自己的脖子。

Durante dos largos días y noches sufrió sin comer.

漫长的两天两夜，他没有吃东西，苦不堪言。

Y en esas horas se fue acumulando en su interior una rabia enorme.

在那几个小时里，他内心充满了愤怒。

Sus ojos se volvieron inyectados en sangre y salvajes por la ira constante.

他的眼睛因持续的愤怒而变得布满血丝，充满狂野。

Ya no era Buck, sino un demonio con mandíbulas chasqueantes.

他不再是巴克，而是一个有着尖利下巴的恶魔。

Ni siquiera el juez habría reconocido a esta loca criatura.

甚至连法官都不会认识这个疯狂的生物。

Los mensajeros exprés suspiraron aliviados cuando llegaron a Seattle.

快递员们到达西雅图后松了一口气

Cuatro hombres levantaron la caja y la llevaron a un patio trasero.

四个男人抬起板条箱并将其运送到后院。

El patio era pequeño, rodeado de muros altos y sólidos.

院子不大，四周都是高大坚固的围墙。

Un hombre corpulento salió con una camisa roja holgada.

一个身材高大的男人穿着松垮的红色毛衣走了出来。

Firmó el libro de entrega con letra gruesa y atrevida.

他用粗壮的字体在交货簿上签名。

Buck sintió de inmediato que este hombre era su próximo torturador.

巴克立刻意识到这个人就是他的下一个折磨者。

Se abalanzó violentamente contra los barrotes, con los ojos rojos de furia.

他猛烈地向栅栏猛扑过去，眼睛里充满了愤怒。

El hombre simplemente sonrió oscuramente y fue a buscar un hacha.

那人只是阴沉地笑了笑，然后去拿一把斧头。

También traía un garrote en su gruesa y fuerte mano derecha.

他还用粗壮有力的右手拿着一根球杆。

"¿Vas a sacarlo ahora?" preguntó preocupado el conductor.

司机担心的问道："你现在要带他出去吗？"

—Claro —dijo el hombre, metiendo el hacha en la caja a modo de palanca.

"当然可以，"男人说着，把斧头插进板条箱，当作杠杆。

Los cuatro hombres se dispersaron instantáneamente y saltaron al muro del patio.

四个人立刻四散开来，跳上了院子的围墙。

Desde sus lugares seguros arriba, esperaban para observar el espectáculo.

他们在上面的安全地点等待观看这一奇观。

Buck se abalanzó sobre la madera astillada, mordiéndola y sacudiéndola ferozmente.

巴克猛扑向碎木头，猛烈地咬着，颤抖着。

Cada vez que el hacha golpeaba la jaula, Buck estaba allí para atacarla.

每次斧头砍到笼子时，巴克都会攻击它。

Gruñó y chasqueó los dientes con furia salvaje, ansioso por ser liberado.

他狂怒地咆哮着、撕咬着，渴望得到释放。

El hombre que estaba afuera estaba tranquilo y firme, concentrado en su tarea.

外面的男人镇定而坚定，专心于自己的任务。

"Muy bien, demonio de ojos rojos", dijo cuando el agujero fue grande.

"好吧，你这个红眼魔鬼，" 当洞变大时，他说。

Dejó caer el hacha y tomó el garrote con su mano derecha.

他扔掉斧头，用右手拿起棍棒。

Buck realmente parecía un demonio; con los ojos inyectados en sangre y llameantes.

巴克看起来真的像个魔鬼；眼睛里布满血丝，怒火中烧。

Su pelaje se erizó, le salía espuma por la boca y sus ojos brillaban.

他的外套竖了起来，嘴里冒着泡沫，眼睛闪闪发光。

Tensó los músculos y se lanzó directamente hacia el suéter rojo.

他绷紧肌肉，径直向红色毛衣扑去。

Ciento cuarenta libras de furia volaron hacia el hombre tranquilo.

一百四十磅的愤怒向这个平静的男人袭来。

Justo antes de que sus mandíbulas se cerraran, un golpe terrible lo golpeó.

就在他咬紧牙关之前，他遭受了一次可怕的打击。

Sus dientes chasquearon al chocar contra nada más que el aire.

他的牙齿在空气中咬合

Una sacudida de dolor resonó a través de su cuerpo

一阵剧痛传遍他的全身

Dio una vuelta en el aire y se estrelló sobre su espalda y su costado.

他在半空中翻转，然后背部和侧面着地。

Nunca antes había sentido el golpe de un garrote y no podía agarrarlo.

他以前从未感受过棍棒的打击，无法理解。

Con un gruñido estridente, mitad ladrido, mitad grito, saltó de nuevo.

他发出一声尖锐的咆哮，一半是吠叫，一半是尖叫，然后再次跳跃。

Otro golpe brutal lo alcanzó y lo arrojó al suelo.

又一次残酷的打击击中了他，并将他摔倒在地。

Esta vez Buck lo entendió: era el pesado garrote del hombre.

这回巴克明白了——那是那人的沉重棍棒。

Pero la rabia lo cegó y no pensó en retirarse.

但愤怒蒙蔽了他的双眼，他没有退缩的念头。

Doce veces se lanzó y doce veces cayó.

他跳伞十二次，坠落十二次。

El palo de madera lo golpeaba cada vez con una fuerza despiadada y aplastante.

木棍每次都以无情、毁灭性的力量砸向他。

Después de un golpe feroz, se tambaleó hasta ponerse de pie, aturdido y lento.

猛烈的一击之后，他踉跄着站了起来，头晕目眩，行动迟缓。

Le salía sangre de la boca, de la nariz y hasta de las orejas.

他的嘴里、鼻子里、甚至耳朵里都流着血。

Su pelaje, otrora hermoso, estaba manchado de espuma sanguinolenta.

他曾经美丽的外套上沾满了血迹斑斑的泡沫。

Entonces el hombre se adelantó y le dio un golpe tremendo en la nariz.

然后那人走上前去，狠狠地打了他的鼻子一拳。

La agonía fue más aguda que cualquier cosa que Buck hubiera sentido jamás.

这种痛苦比巴克曾经感受过的任何痛苦都要剧烈。

Con un rugido más de bestia que de perro, saltó nuevamente para atacar.

他发出一声比狗更像野兽的吼叫，再次跳跃起来发起攻击。

Pero el hombre se agarró la mandíbula inferior y la torció hacia atrás.

但那人抓住了他的下巴，并将其向后扭去。

Buck se dio una vuelta de cabeza y volvió a caer con fuerza.

巴克翻了个身，再次重重地摔倒在地。

Una última vez, Buck cargó contra él, ahora apenas capaz de mantenerse en pie.

最后一次，巴克向他冲过来，现在他几乎站不起来。

El hombre atacó con una sincronización experta, dando el golpe final.

该名男子精准把握时机，给予了最后一击。

Buck se desplomó en un montón, inconsciente e inmóvil.

巴克倒在地上，失去意识，一动不动。

"No es ningún inútil a la hora de domar perros, eso es lo que digo", gritó un hombre.

"我说的是实话，他驯狗的技术真不错，"一名男子喊道。

"Druther puede quebrar la voluntad de un perro cualquier día de la semana".

"德鲁瑟可以在任何一天摧毁猎犬的意志。"

"¡Y dos veces el domingo!" añadió el conductor.

"而且是周日两次！"司机补充道。

Se subió al carro y tiró de las riendas para partir.

他爬上马车，拉紧缰绳准备离开。

Buck recuperó lentamente el control de su conciencia.

巴克慢慢恢复了意识

Pero su cuerpo todavía estaba demasiado débil y roto para moverse.

但他的身体仍然虚弱无力，无法动弹。

Se quedó donde había caído, observando al hombre del suéter rojo.

他躺在倒下的地方，看着那个穿红毛衣的男人。

"Responde al nombre de Buck", dijo el hombre, leyendo en voz alta.

"他的名字叫巴克，"那人大声读道。

Citó la nota enviada con la caja de Buck y los detalles.

他引用了巴克的板条箱随附的便条和详细信息。

—Bueno, Buck, muchacho —continuó el hombre con tono amistoso—.

"好吧，巴克，我的孩子，"那人用友善的语气继续说道，

"Hemos tenido nuestra pequeña pelea y ahora todo ha terminado entre nosotros".

"我们刚刚吵了一架，现在一切都结束了。"

"Tú has aprendido cuál es tu lugar y yo he aprendido cuál es el mío", añadió.

他补充道："你已经了解了自己的位置，我也了解了我的位置。"

"Sé bueno y todo irá bien y la vida será placentera".

"心存善念，万事如意，生活就会幸福美满。"

"Pero si te portas mal, te daré una paliza, ¿entiendes?"

"但如果你要是表现不好，我就把你打得落花流水，明白吗？"

Mientras hablaba, extendió la mano y acarició la cabeza dolorida de Buck.

他一边说着，一边伸手拍了拍巴克疼痛的头。

El cabello de Buck se erizó ante el toque del hombre, pero no se resistió.

男人一碰巴克，他的汗毛就竖了起来，但他没有反抗。

El hombre le trajo agua, que Buck bebió a grandes tragos.

那人给他拿来水，巴克大口大口地喝着。

Luego vino la carne cruda, que Buck devoró trozo a trozo.

接下来是生肉，巴克一块块地吃着。

Sabía que estaba derrotado, pero también sabía que no estaba roto.

他知道自己被打败了，但他也知道自己没有被打败。

No tenía ninguna posibilidad contra un hombre armado con un garrote.

面对一个手持棍棒的人，他毫无抵抗能力。

Había aprendido la verdad y nunca olvidó esa lección.

他已经了解了真相，并且永远不会忘记这个教训。

Esa arma fue el comienzo de la ley en el nuevo mundo de Buck.

那件武器是巴克新世界中法律的开端。

Fue el comienzo de un orden duro y primitivo que no podía negar.

这是他无法否认的严酷、原始秩序的开始。

Aceptó la verdad; sus instintos salvajes ahora estaban despiertos.

他接受了事实；他的狂野本能现在已经苏醒。

El mundo se había vuelto más duro, pero Buck lo afrontó con valentía.

世界变得越来越残酷，但巴克勇敢地面对。

Afrontó la vida con nueva cautela, astucia y fuerza silenciosa.

他以新的谨慎、狡猾和沉着的力量面对生活。

Llegaron más perros, atados con cuerdas o cajas como había estado Buck.

更多的狗来了，像巴克一样被绑在绳子或笼子里。

Algunos perros llegaron con calma, otros se enfurecieron y pelearon como bestias salvajes.

有些狗很平静地过来，有些则像野兽一样愤怒地打斗。

Todos ellos quedaron bajo el dominio del hombre del suéter rojo.

他们全都被置于红毛衣男人的统治之下。

Cada vez, Buck observaba y veía cómo se desarrollaba la misma lección.

每次，巴克都会观察并看到同样的教训发生。

El hombre con el garrote era la ley, un amo al que había que obedecer.

手持棍棒的人就是法律；是必须服从的主人。

No necesitaba ser querido, pero sí obedecido.

他不需要被人喜欢，但他必须被人服从。

Buck nunca adulaba ni meneaba la cola como lo hacían los perros más débiles.

巴克从来不会像那些体弱的狗那样阿谀奉承或摇尾巴。

Vio perros que estaban golpeados y todavía lamían la mano del hombre.

他看到被打的狗仍然舔着那个男人的手。

Vio un perro que no obedecía ni se sometía en absoluto.

他看到一只根本不听话、不顺从的狗。

Ese perro luchó hasta que murió en la batalla por el control.

那只狗在争夺控制权的战斗中一直战斗到被杀死。

A veces, desconocidos venían a ver al hombre del suéter rojo.

有时会有陌生人来看望这位穿红色毛衣的男人。

Hablaban en tonos extraños, suplicando, negociando y riendo.

他们用奇怪的语气说话、恳求、讨价还价、大笑。

Cuando se intercambiaba dinero, se iban con uno o más perros.

换完钱后，他们就带着一只或多只狗离开。

Buck se preguntó a dónde habían ido esos perros, pues ninguno regresaba jamás.

巴克想知道这些狗去了哪里，因为它们都没有回来。

El miedo a lo desconocido llenaba a Buck cada vez que un hombre extraño se acercaba.

每当有陌生人来访时，巴克都会感到恐惧

Se alegraba cada vez que se llevaban a otro perro en lugar de a él mismo.

每次被带走的是另一只狗而不是自己，他都很高兴。

Pero finalmente, llegó el turno de Buck con la llegada de un hombre extraño.

但最终，随着一个陌生男人的到来，巴克的转机到来了。

Era pequeño, fibroso y hablaba un inglés deficiente y decía palabrotas.

他身材矮小，体格健壮，说着蹩脚的英语，还带着咒骂。

—¡Sacredam! —gritó cuando vio el cuerpo de Buck.

当他看到巴克的身影时，他大叫道："天哪！"

—¡Qué perro tan bravucón! ¿Eh? ¿Cuánto? —preguntó en voz alta.

"这真是条恶霸狗！嗯？多少钱？"他大声问道。

"Trescientos, y es un regalo a ese precio".

"三百，这价钱他算是一份礼物了。"

—Como es dinero del gobierno, no deberías quejarte, Perrault.

"既然这是政府的钱，你就不应该抱怨，佩罗。"

Perrault sonrió ante el trato que acababa de hacer con aquel hombre.

佩罗对他刚刚与那人达成的交易笑了笑。

El precio de los perros se disparó debido a la repentina demanda.

由于需求突然增加，狗的价格也随之飙升。

Trescientos dólares no era injusto para una bestia tan bella.

对于这样一头好野兽来说，三百美元并不算不公平。

El gobierno canadiense no perdería nada con el acuerdo

加拿大政府不会在交易中失去任何东西

Además sus despachos oficiales tampoco sufrirían demoras en el tránsito.

他们的官方公报也不会在运输途中延误。

Perrault conocía bien a los perros y podía ver que Buck era algo raro.

佩罗非常了解狗，他知道巴克是一种罕见的狗。

"Uno entre diez diez mil", pensó mientras estudiaba la complexión de Buck.

当他观察巴克的体型时，他想："万分之一。"

Buck vio que el dinero cambiaba de manos, pero no mostró sorpresa.

巴克看到钱易手，但并不感到惊讶。

Pronto él y Curly, un gentil Terranova, fueron llevados lejos.

很快，他和一只温顺的纽芬兰犬 卷毛 就被带走了。

Siguieron al hombrecito desde el patio del suéter rojo.

他们跟着小个子男人离开了穿红毛衣的院子。

Esa fue la última vez que Buck vio al hombre con el garrote de madera.

那是巴克最后一次见到这个拿着木棍的男人。

Desde la cubierta del Narwhal vio cómo Seattle se desvanecía en la distancia.

从独角鲸号的甲板上，他看着西雅图渐渐消失在远方。

También fue la última vez que vio las cálidas tierras del Sur.

这也是他最后一次看到温暖的南国。

Perrault los llevó bajo cubierta y los dejó con François.

佩罗把他们带到甲板下，交给弗朗索瓦。

François era un gigante de cara negra y manos ásperas y callosas.

弗朗索瓦是一个黑脸巨人，双手粗糙，长满老茧。

Era oscuro y moreno, un mestizo francocanadiense.

他皮肤黝黑，是法裔加拿大混血儿。

Para Buck, estos hombres eran de un tipo que nunca había visto antes.

对于巴克来说，这些人是他从未见过的。

En los días venideros conocería a muchos hombres así.

在未来的日子里，他会认识许多这样的人。

No llegó a encariñarse con ellos, pero llegó a respetarlos.

他并没有喜欢上他们，但却开始尊敬他们。

Eran justos y sabios, y no se dejaban engañar fácilmente por ningún perro.

他们公正而聪明，不会轻易被任何狗愚弄。

Juzgaban a los perros con calma y castigaban sólo cuando lo merecían.

他们冷静地评判狗，只对应得的惩罚进行处罚。

En la cubierta inferior del Narwhal, Buck y Curly se encontraron con dos perros.

在独角鲸号的下层甲板上，巴克和卷毛遇到了两只狗。

Uno de ellos era un gran perro blanco procedente de la lejana y gélida región de Spitzbergen.

其中一只来自遥远冰冷的斯匹茨卑尔根岛的大白狗。

Una vez navegó con un ballenero y se unió a un grupo de investigación.

他曾经跟随一艘捕鲸船航行并加入一个调查小组。

Era amigable de una manera astuta, deshonesta y tramposa.

他以一种狡猾、卑鄙和狡猾的方式表现出友好。

En su primera comida, robó un trozo de carne de la sartén de Buck.

在他们第一次吃饭时，他从巴克的锅里偷了一块肉。

Buck saltó para castigarlo, pero el látigo de François golpeó primero.

巴克跳起来想要惩罚他，但弗朗索瓦的鞭子先打了过来。

El ladrón blanco gritó y Buck recuperó el hueso robado.

白人小偷大叫一声，巴克夺回了被偷的骨头。

Esa imparcialidad impresionó a Buck y François se ganó su respeto.

这种公平给巴克留下了深刻的印象，弗朗索瓦也赢得了他的尊重。

El otro perro no saludó y no quiso recibir saludos a cambio.

另一只狗没有打招呼，也不希望得到任何回应。

No robaba comida ni olfateaba con interés a los recién llegados.

他没有偷食物，也没有对新来的人感兴趣地嗅嗅。

Este perro era sombrío y silencioso, melancólico y de movimientos lentos.

这只狗冷酷而安静，阴郁而行动迟缓。

Le advirtió a Curly que se mantuviera alejada simplemente mirándola fijamente.

他只是怒视着 卷毛，警告她离她远点。

Su mensaje fue claro: déjenme en paz o habrá problemas.

他的意思很明确：别管我，否则会有麻烦。

Se llamaba Dave y apenas se fijaba en su entorno.

他叫戴夫，他几乎没有注意到周围的环境。

Dormía a menudo, comía tranquilamente y bostezaba de vez en cuando.

他经常睡觉，安静地吃饭，不时打哈欠。

El barco zumbaba constantemente con la hélice golpeando debajo.

船底螺旋桨不停地轰鸣。

Los días pasaron con pocos cambios, pero el clima se volvió más frío.

日子一天天过去，天气没有什么变化，只是越来越冷了。

Buck podía sentirlo en sus huesos y notó que los demás también lo sentían.

巴克能够深刻地感受到这一点，并且注意到其他人也同样如此。

Entonces, una mañana, la hélice se detuvo y todo quedó en silencio.

后来有一天早上，螺旋桨停了下来，一切都静止了。

Una energía recorrió la nave; algo había cambiado.

一股能量席卷了整艘船；有些东西已经改变了。

François bajó, les puso las correas y los trajo arriba.

弗朗索瓦走下来，用皮带牵着它们，然后把它们带了上来。

Buck salió y encontró el suelo suave, blanco y frío.

巴克走了出去，发现地面又软又白，而且很冷。

Saltó hacia atrás alarmado y resopló totalmente confundido.

他惊恐地跳了起来，困惑地哼了一声。

Una extraña sustancia blanca caía del cielo gris.

奇怪的白色物体从灰色的天空中落下。

Se sacudió, pero los copos blancos seguían cayendo sobre él.

他摇了摇身子，但白色的雪花仍然落在他身上。

Olió con cuidado la sustancia blanca y lamió algunos trocitos helados.

他仔细地嗅了嗅那白色的东西，并舔了几块冰。

El polvo ardió como fuego y luego desapareció de su lengua.

粉末像火一样燃烧，然后从他的舌头上消失了。

Buck lo intentó de nuevo, desconcertado por la extraña frialdad que desaparecía.

巴克又试了一次，他对奇怪消失的寒冷感到困惑。

Los hombres que lo rodeaban se rieron y Buck se sintió avergonzado.

周围的人都笑了，巴克感到很尴尬。

No sabía por qué, pero le avergonzaba su reacción.

他不知道为什么，但他对自己的反应感到羞愧。

Fue su primera experiencia con la nieve y le confundió.

这是他第一次见到雪，他感到很困惑。

La ley del garrote y el colmillo
棍棒与尖牙法则

El primer día de Buck en la playa de Dyea se sintió como una terrible pesadilla.

巴克在戴亚海滩的第一天感觉就像一场可怕的噩梦。

Cada hora traía nuevas sorpresas y cambios inesperados para Buck.

每一个小时都会给巴克带来新的震惊和意想不到的变化。

Lo habían sacado de la civilización y lo habían arrojado a un caos salvaje.

他被从文明社会中拉出来，陷入了混乱之中。

Aquella no era una vida soleada y tranquila, llena de aburrimiento y descanso.

这不是一种阳光、懒散、无聊和休息的生活。

No había paz, ni descanso, ni momento sin peligro.

没有和平，没有休息，也没有一刻不发生危险。

La confusión lo dominaba todo y el peligro siempre estaba cerca.

混乱笼罩着一切，危险近在咫尺。

Buck tuvo que mantenerse alerta porque estos hombres y perros eran diferentes.

巴克必须保持警惕，因为这些人和狗都不一样。

No eran de pueblos; eran salvajes y sin piedad.

他们并非来自城镇；他们野蛮且无情。

Estos hombres y perros sólo conocían la ley del garrote y el colmillo.

这些人和狗只知道棍棒和尖牙的法则。

Buck nunca había visto perros pelear como estos salvajes huskies.

巴克从未见过像这些凶猛的哈士奇一样打架的狗。

Su primera experiencia le enseñó una lección que nunca olvidaría.

他的第一次经历给了他一个永生难忘的教训。

Tuvo suerte de que no fuera él, o habría muerto también.
幸亏不是他，不然他也会死。

Curly fue el que sufrió mientras Buck observaba y aprendía.
当巴克观察并学习时，卷毛却遭受着痛苦。

Habían acampado cerca de una tienda construida con troncos.
他们在一座用原木搭建的商店附近扎营。

Curly intentó ser amigable con un husky grande, parecido a un lobo.
卷毛（卷毛）
试图对一只体型巨大、像狼一样的哈士奇表现友好。

El husky era más pequeño que Curly, pero parecía salvaje y malvado.
这只哈士奇比 卷毛 小，但看上去狂野而凶猛。

Sin previo aviso, saltó y le abrió el rostro.
他毫无预兆地跳起来，划破了她的脸。

Sus dientes la atravesaron desde el ojo hasta la mandíbula en un solo movimiento.
他的牙齿一下子从她的眼睛咬到了下巴。

Así era como peleaban los lobos: golpeaban rápido y saltaban.
这就是狼的战斗方式——快速攻击，然后跳开。

Pero había mucho más que aprender de ese único ataque.
但值得我们学习的东西远不止那次袭击。

Decenas de huskies entraron corriendo y formaron un círculo silencioso.
几十只哈士奇冲了进来，默默地围成一圈。

Observaron atentamente y se lamieron los labios con hambre.
他们仔细地观察着，饥渴地舔着嘴唇。

Buck no entendió su silencio ni sus miradas ansiosas.
巴克不明白他们的沉默和热切的眼神。

Curly se apresuró a atacar al husky por segunda vez.
卷毛第二次冲向哈士奇发起攻击。

Él usó su pecho para derribarla con un movimiento fuerte.

他用胸部用力一击将她撞倒。

Ella cayó de lado y no pudo levantarse más.

她倒在地上，无法再站起来。

Eso era lo que los demás habían estado esperando todo el tiempo.

这正是其他人一直在等待的。

Los perros esquimales saltaron sobre ella, aullando y gruñendo frenéticamente.

哈士奇们跳到她身上，疯狂地尖叫和咆哮。

Ella gritó cuando la enterraron bajo una pila de perros.

当他们把她埋在一堆狗下面时，她尖叫起来。

El ataque fue tan rápido que Buck se quedó paralizado por la sorpresa.

攻击速度太快了，巴克吓得呆在原地。

Vio a Spitz sacar la lengua de una manera que parecía una risa.

他看到斯皮茨伸出舌头，看起来像是在笑。

François cogió un hacha y corrió directamente hacia el grupo de perros.

弗朗索瓦抓起一把斧头，径直冲进狗群。

Otros tres hombres usaron palos para ayudar a ahuyentar a los perros esquimales.

另外三名男子用棍棒帮忙把哈士奇赶走。

En sólo dos minutos, la pelea terminó y los perros desaparecieron.

仅仅两分钟，战斗就结束了，狗也消失了。

Curly yacía muerta en la nieve roja y pisoteada, con su cuerpo destrozado.

科莉死在了被踩踏的红色雪地里，她的身体被撕裂了。

Un hombre de piel oscura estaba de pie sobre ella, maldiciendo la brutal escena.

一个皮肤黝黑的男人站在她面前，咒骂着这残酷的场面。

El recuerdo permaneció con Buck y atormentó sus sueños por la noche.

这段记忆一直留在巴克的心里，并让他夜里梦到这些事情。

Así era aquí: sin justicia, sin segundas oportunidades.

这就是这里的现状；没有公平，没有第二次机会。

Una vez que un perro caía, los demás lo mataban sin piedad.

一旦有一只狗倒下，其他狗就会毫不留情地杀死它。

Buck decidió entonces que nunca se permitiría caer.

巴克当时就决定，他决不允许自己跌倒。

Spitz volvió a sacar la lengua y se rió de la sangre.

斯皮茨再次吐出舌头，对着鲜血大笑。

Desde ese momento, Buck odió a Spitz con todo su corazón.

从那一刻起，巴克就打心底里恨起了斯皮茨。

Antes de que Buck pudiera recuperarse de la muerte de Curly, sucedió algo nuevo.

巴克还没来得及从卷毛的死中恢复过来，新的事情又发生了。

François se acercó y ató algo alrededor del cuerpo de Buck.

弗朗索瓦走了过来，用某样东西绑住了巴克的身体。

Era un arnés como los que usaban los caballos en el rancho.

这是一种类似于牧场上马匹所用的马具。

Así como Buck había visto trabajar a los caballos, ahora él también estaba obligado a trabajar.

巴克曾经见过马匹工作，现在他也必须工作。

Tuvo que arrastrar a François en un trineo hasta el bosque cercano.

他必须用雪橇把弗朗索瓦拉进附近的森林。

Después tuvo que arrastrar una carga de leña pesada.

然后他又得拉回一担沉沉的柴火。

Buck era orgulloso, por eso le dolía que lo trataran como a un animal de trabajo.

巴克很骄傲，所以被当作工作动物对待让他很伤心。

Pero él era sabio y no intentó luchar contra la nueva situación.

但他很明智，并没有试图对抗新的情况。

Aceptó su nueva vida y dio lo mejor de sí en cada tarea.

他接受了新的生活，并在每项任务中尽最大努力。

Todo en la obra le resultaba extraño y desconocido.

工作的一切对他来说都是陌生的、不熟悉的。

Francisco era estricto y exigía obediencia sin demora.

弗朗索瓦非常严格，要求下属毫不拖延地服从。

Su látigo garantizaba que cada orden fuera seguida al instante.

他的鞭子确保每条命令都立即得到执行。

Dave era el que conducía el trineo, el perro que estaba más cerca de él, detrás de Buck.

戴夫是推车手，是巴克后面距离雪橇最近的狗。

Dave mordió a Buck en las patas traseras si cometía un error.

如果巴克犯了错误，戴夫就会咬巴克的后腿。

Spitz era el perro líder, hábil y experimentado en su función.

斯皮茨是领头犬，技术娴熟，经验丰富。

Spitz no pudo alcanzar a Buck fácilmente, pero aún así lo corrigió.

斯皮茨无法轻易接近巴克，但仍然纠正了他。

Gruñó con dureza o tiró del trineo de maneras que le enseñaron a Buck.

他严厉地咆哮着，或者用教导巴克的方式拉雪橇。

Con este entrenamiento, Buck aprendió más rápido de lo que cualquiera de ellos esperaba.

在这样的训练下，巴克的学习速度比他们任何人预想的都要快。

Trabajó duro y aprendió tanto de François como de los otros perros.

他努力工作并向弗朗索瓦和其他狗学习。

Cuando regresaron, Buck ya conocía los comandos clave.

当他们回来时，巴克已经知道了关键的命令。

Aprendió a detenerse al oír la palabra "ho" gracias a François.

他从弗朗索瓦那里学会了听到"ho"的声音就停下来。

Aprendió cuando tenía que tirar del trineo y correr.

他学会了何时拉着雪橇奔跑。

Aprendió a girar abiertamente en las curvas del camino sin problemas.

他学会了在小路的弯道处轻松转弯。

También aprendió a evitar a Dave cuando el trineo descendía rápidamente.

他还学会了当雪橇快速下坡时避开戴夫。

"Son perros muy buenos", le dijo orgulloso François a Perrault.

"它们是非常好的狗,"弗朗索瓦自豪地告诉佩罗。

"Ese Buck tira como un demonio. Le enseño rapidísimo".

"那只巴克拉东西非常厉害——

我教他速度非常快。"

Más tarde ese día, Perrault regresó con dos perros husky más.

当天晚些时候,佩罗又带着两只哈士奇犬回来了。

Se llamaban Billee y Joe y eran hermanos.

他们的名字是比利(Billee)和乔(Joe),他们是兄弟。

Venían de la misma madre, pero no se parecían en nada.

他们虽然出自同一个母亲,但却完全不同。

Billee era de carácter dulce y muy amigable con todos.

Billee 性格温和,对每个人都很友好。

Joe era todo lo contrario: tranquilo, enojado y siempre gruñendo.

乔则相反——安静、易怒,而且总是咆哮。

Buck los saludó de manera amigable y se mostró tranquilo con ambos.

巴克以友好的方式向他们打招呼，并且对两人都很平静。

Dave no les prestó atención y permaneció en silencio como siempre.

戴夫没有理会他们，像往常一样保持沉默。

Spitz atacó primero a Billee, luego a Joe, para demostrar su dominio.

斯皮茨首先攻击比利，然后是乔，以显示他的统治地位。

Billee movió la cola y trató de ser amigable con Spitz.

比利摇着尾巴，试图对斯皮茨表现得友好。

Cuando eso no funcionó, intentó huir.

当此举无效时，他便试图逃跑。

Lloró tristemente cuando Spitz lo mordió fuerte en el costado.

当斯皮茨用力咬他的侧面时，他伤心地哭了。

Pero Joe era muy diferente y se negaba a dejarse intimidar.

但乔却截然不同，他拒绝被欺负。

Cada vez que Spitz se acercaba, Joe giraba rápidamente para enfrentarlo.

每次斯皮茨靠近，乔就会快速转身面对他。

Su pelaje se erizó, sus labios se curvaron y sus dientes chasquearon salvajemente.

他的毛发竖了起来，嘴唇卷曲，牙齿疯狂地咬着。

Los ojos de Joe brillaron de miedo y rabia, desafiando a Spitz a atacar.

乔的眼里闪烁着恐惧和愤怒，挑衅斯皮茨并发起攻击。

Spitz abandonó la lucha y se alejó, humillado y enojado.

斯皮茨放弃了反抗，转身离开，感到羞辱和愤怒。

Descargó su frustración en el pobre Billee y lo ahuyentó.

他把自己的沮丧发泄在可怜的比利身上，并把他赶走了。

Esa noche, Perrault añadió un perro más al equipo.

那天晚上，佩罗的队伍里又增加了一只狗。

Este perro era viejo, delgado y cubierto de cicatrices de batalla.

这只狗又老又瘦，浑身都是战争留下的伤疤。

Le faltaba un ojo, pero el otro brillaba con poder.

他的一只眼睛不见了，但另一只眼睛却闪烁着力量。

El nombre del nuevo perro era Solleks, que significaba "el enojado".

这只新狗的名字叫 Solleks，意思是"愤怒的人"。

Al igual que Dave, Solleks no pidió nada a los demás y no dio nada a cambio.

和戴夫一样，索莱克斯不向别人索取任何东西，也不给予任何回报。

Cuando Solleks entró lentamente al campamento, incluso Spitz se mantuvo alejado.

当索莱克斯慢慢走进营地时，就连斯皮茨也躲开了。

Tenía un hábito extraño que Buck tuvo la mala suerte de descubrir.

他有一个奇怪的习惯，巴克很不幸地发现了这一点。

A Solleks le disgustaba que se acercaran a él por el lado donde estaba ciego.

索莱克斯讨厌别人从他看不见的地方接近他。

Buck no sabía esto y cometió ese error por accidente.

巴克不知道这一点，所以无意中犯了这个错误。

Solleks se dio la vuelta y cortó el hombro de Buck profunda y rápidamente.

索莱克斯旋转身子，迅速而深地砍向巴克的肩膀。

A partir de ese momento, Buck nunca se acercó al lado ciego de Solleks.

从那一刻起，巴克再也没有靠近索莱克斯的盲区。

Nunca volvieron a tener problemas durante el resto del tiempo que estuvieron juntos.

在他们在一起的剩余时间里，他们再也没有遇到过麻烦。

Solleks sólo quería que lo dejaran solo, como el tranquilo Dave.

索莱克斯只想独处，就像安静的戴夫一样。

Pero Buck se enteraría más tarde de que cada uno tenía otro objetivo secreto.

但巴克后来得知，他们各自都有另一个秘密目标。

Esa noche, Buck se enfrentó a un nuevo y preocupante desafío: cómo dormir.

那天晚上，巴克面临着一个新的、令人困扰的挑战——如何入睡。

La tienda brillaba cálidamente con la luz de las velas en el campo nevado.

雪原上的帐篷在烛光的照耀下显得温暖。

Buck entró, pensando que podría descansar allí como antes.

巴克走了进去，心想他可以像以前一样在那里休息。

Pero Perrault y François le gritaron y le lanzaron sartenes.

但佩罗和弗朗索瓦对他大喊大叫，并扔平底锅。

Sorprendido y confundido, Buck corrió hacia el frío helado.

巴克感到震惊和困惑，便跑进了严寒之中。

Un viento amargo le azotó el hombro herido y le congeló las patas.

凛冽的寒风刺痛了他受伤的肩膀，冻僵了他的爪子。

Se tumbó en la nieve y trató de dormir al aire libre.

他躺在雪地里，试图在户外睡觉。

Pero el frío pronto le obligó a levantarse de nuevo, temblando mucho.

但寒冷很快迫使他站起来，浑身颤抖。

Deambuló por el campamento intentando encontrar un lugar más cálido.

他在营地里徘徊，试图找到一个更温暖的地方。

Pero cada rincón estaba tan frío como el anterior.

但每个角落都和之前一样冷。

A veces, perros salvajes saltaban sobre él desde la oscuridad.

有时，凶猛的狗会从黑暗中向他扑来。

Buck erizó su pelaje, mostró los dientes y gruñó en señal de advertencia.

巴克竖起身上的毛，露出牙齿，发出警告性的咆哮声。

Estaba aprendiendo rápido y los otros perros se alejaban rápidamente.

他学得很快，其他狗也很快就退缩了。

Aún así, no tenía dónde dormir ni idea de qué hacer.

但他没有地方睡觉，也不知道该怎么办。

Por fin se le ocurrió una idea: ver cómo estaban sus compañeros de equipo.

最后，他想到了一个主意——去看看他的队友。

Regresó a su zona y se sorprendió al descubrir que habían desaparecido.

他回到他们所在的地方，惊讶地发现他们已经不见了。

Nuevamente buscó por todo el campamento, pero todavía no pudo encontrarlos.

他再次搜寻营地，但仍然没有找到他们。

Sabía que ellos no podían estar en la tienda, o él también lo estaría.

他知道他们不能在帐篷里，否则他也会进去。

Entonces ¿a dónde se habían ido todos los perros en este campamento helado?

那么，这个冰冻营地里的狗都到哪里去了呢？

Buck, frío y miserable, caminó lentamente alrededor de la tienda.

巴克感到寒冷和痛苦，他慢慢地绕着帐篷转了一圈。

De repente, sus patas delanteras se hundieron en la nieve blanda y lo sobresaltó.

突然，他的前腿陷入了柔软的雪中，把他吓了一跳。

Algo se movió bajo sus pies y saltó hacia atrás asustado.

有什么东西在他脚下蠕动，他吓得往后跳了一步。

Gruñó y rugió sin saber qué había debajo de la nieve.

他咆哮着，不知道雪下有什么。

Entonces oyó un ladrido amistoso que alivió su miedo.
然后他听到一声友好的小吠声，减轻了他的恐惧。

Olfateó el aire y se acercó para ver qué estaba oculto.
他嗅了嗅空气，走近去看隐藏着什么。

Bajo la nieve, acurrucada en una bola cálida, estaba la pequeña Billee.
在雪下，小比莉蜷缩成一个温暖的球。

Billee movió la cola y lamió la cara de Buck para saludarlo.
比利摇着尾巴，舔着巴克的脸来向他打招呼。

Buck vio cómo Billee había hecho un lugar para dormir en la nieve.
巴克看到比莉在雪地里挖了一个睡觉的地方。

Había cavado y usado su propio calor para mantenerse caliente.
他挖了个洞，用自己的热量来取暖。

Buck había aprendido otra lección: así era como dormían los perros.
巴克又学到了另一个教训——这就是狗的睡觉方式。

Eligió un lugar y comenzó a cavar su propio hoyo en la nieve.
他选了一个地方并开始在雪地里挖洞。

Al principio, se movía demasiado y desperdiciaba energía.
一开始，他走动太多，浪费了精力。

Pero pronto su cuerpo calentó el espacio y se sintió seguro.
但很快他的身体就温暖了起来，他感到安全了。

Se acurrucó fuertemente y al poco tiempo estaba profundamente dormido.
他紧紧地蜷缩着身子，不久就睡着了。

El día había sido largo y duro, y Buck estaba exhausto.
这一天漫长而艰难，巴克已经筋疲力尽了。

Durmió profundamente y cómodamente, aunque sus sueños fueron salvajes.
尽管他的梦很狂野，但他睡得很沉很舒服。

Gruñó y ladró mientras dormía, retorciéndose mientras soñaba.

他在睡梦中咆哮、吠叫，在梦中扭动身体。

Buck no se despertó hasta que el campamento ya estaba cobrando vida.
直到营地开始热闹起来，巴克才醒来。
Al principio, no sabía dónde estaba ni qué había sucedido.
起初，他不知道自己在哪里，也不知道发生了什么事。

Había nevado durante la noche y había enterrado completamente su cuerpo.
一夜之间，大雪降临，将他的尸体彻底掩埋。
La nieve lo apretaba por todos lados.
雪紧紧地包围着他。
De repente, una ola de miedo recorrió todo el cuerpo de Buck.
突然间，一股恐惧感涌遍巴克全身。
Era el miedo a quedar atrapado, un miedo que provenía de instintos profundos.
这是一种被困住的恐惧，一种发自内心的本能的恐惧。

Aunque nunca había visto una trampa, el miedo vivía dentro de él.
尽管他从未见过陷阱，但恐惧却一直萦绕在他的心头。

Era un perro domesticado, pero ahora sus viejos instintos salvajes estaban despertando.
他曾经是一只温顺的狗，但是现在他昔日的野性本能正在苏醒。
Los músculos de Buck se tensaron y se le erizó el pelaje por toda la espalda.
巴克的肌肉绷紧了，背上的毛都竖了起来。
Gruñó ferozmente y saltó hacia arriba a través de la nieve.
他凶狠地咆哮一声，直接从雪地里跳了起来。

La nieve voló en todas direcciones cuando estalló la luz del día.

当他冲进阳光下时，雪花四处飞扬。

Incluso antes de aterrizar, Buck vio el campamento extendido ante él.

甚至在着陆之前，巴克就看到营地在他面前展开。

Recordó todo del día anterior, de repente.

他一下子想起了前一天发生的一切。

Recordó pasear con Manuel y terminar en ese lugar.

他记得和曼努埃尔一起散步，最后来到这个地方。

Recordó haber cavado el hoyo y haberse quedado dormido en el frío.

他记得自己挖了个洞，然后在寒冷中睡着了。

Ahora estaba despierto y el mundo salvaje que lo rodeaba estaba claro.

现在他醒了，周围的荒野世界变得清晰起来。

Un grito de François saludó la repentina aparición de Buck.

弗朗索瓦大声喊叫，欢迎巴克的突然出现。

—¿Qué te dije? —gritó en voz alta el conductor del perro a Perrault.

"我说了什么？"狗司机大声向佩罗喊道。

"Ese Buck sin duda aprende muy rápido", añadió François.

"巴克学东西的速度确实很快，" 弗朗索瓦补充道。

Perrault asintió gravemente, claramente satisfecho con el resultado.

佩罗严肃地点了点头，显然对结果很满意。

Como mensajero del gobierno canadiense, transportaba despachos.

作为加拿大政府的一名信使，他负责递送急件。

Estaba ansioso por encontrar los mejores perros para su importante misión.

他渴望找到最适合他重要使命的狗。

Se sintió especialmente complacido ahora que Buck era parte del equipo.

现在巴克已经成为团队的一员，他感到特别高兴。

Se agregaron tres huskies más al equipo en una hora.

不到一个小时，队伍里又增加了三只哈士奇。

Eso elevó el número total de perros en el equipo a nueve.

这样，队伍里的狗总数就达到了九只。

En quince minutos todos los perros estaban en sus arneses.

十五分钟之内，所有的狗都套上了挽具。

El equipo de trineos avanzaba por el sendero hacia Dyea Cañón.

雪橇队正沿着小路向戴亚峡谷（Dyea Cañon）驶去。

Buck se sintió contento de partir, incluso si el trabajo que tenía por delante era duro.

尽管前面的工作很艰辛，但巴克还是很高兴能够离开。

Descubrió que no despreciaba especialmente el trabajo ni el frío.

他发现自己并不特别厌恶劳动或寒冷。

Le sorprendió el entusiasmo que llenaba a todo el equipo.

他对整个团队所展现出的热情感到惊讶。

Aún más sorprendente fue el cambio que se produjo en Dave y Solleks.

更令人惊讶的是戴夫和索莱克斯身上发生的变化。

Estos dos perros eran completamente diferentes cuando estaban enjaezados.

这两只狗戴上挽具后的样子截然不同。

Su pasividad y falta de preocupación habían desaparecido por completo.

他们的被动和漠不关心已经完全消失了。

Estaban alertas y activos, y ansiosos por hacer bien su trabajo.

他们精神矍铄、积极主动，渴望做好自己的工作。

Se irritaban ferozmente ante cualquier cosa que causara retraso o confusión.

任何导致延误或混乱的事情都会让他们非常恼火。

El duro trabajo en las riendas era el centro de todo su ser.

辛苦驾驭缰绳是他们全部精力的中心。

Tirar del trineo parecía ser lo único que realmente disfrutaban.

拉雪橇似乎是他们唯一真正喜欢的事情。

Dave estaba en la parte de atrás del grupo, más cerca del trineo.

戴夫位于队伍的最后面，距离雪橇最近。

Buck fue colocado delante de Dave, y Solleks se adelantó a Buck.

巴克被安排在戴夫前面，而索莱克斯则领先于巴克。

El resto de los perros estaban dispersos adelante, en una sola fila.

其余的狗则排成一列纵队走在前面。

La posición de cabeza en la parte delantera quedó ocupada por Spitz.

最前面的领先位置由施皮茨占据。

Buck había sido colocado entre Dave y Solleks para recibir instrucción.

巴克被安排在戴夫和索莱克斯之间接受指导。

Él aprendía rápido y sus profesores eran firmes y capaces.

他学东西很快，他们是坚定而能干的老师。

Nunca permitieron que Buck permaneciera en el error por mucho tiempo.

他们从不允许巴克长时间犯错。

Enseñaron sus lecciones con dientes afilados cuando era necesario.

必要时，他们会用尖锐的言辞传授知识。

Dave era justo y mostraba un tipo de sabiduría tranquila y seria.

戴夫很公平，并且表现出一种安静、严肃的智慧。

Él nunca mordió a Buck sin una buena razón para hacerlo.

他从来不会无缘无故地咬巴克。

Pero nunca dejó de morder cuando Buck necesitaba corrección.

但当巴克需要纠正时，他总是会咬巴克。

El látigo de Francisco estaba siempre listo y respaldaba su autoridad.

弗朗索瓦的鞭子随时准备着，以支持他们的权威。

Buck pronto descubrió que era mejor obedecer que defenderse.

巴克很快发现服从比反击更好。

Una vez, durante un breve descanso, Buck se enredó en las riendas.

有一次，在短暂的休息期间，巴克被缰绳缠住了。

Retrasó el inicio y confundió los movimientos del equipo.

他推迟了比赛的开始，扰乱了球队的行动。

Dave y Solleks se abalanzaron sobre él y le dieron una paliza brutal.

戴夫和索莱克斯向他扑去，狠狠地揍了他一顿。

El enredo sólo empeoró, pero Buck aprendió bien la lección.

纠缠变得越来越严重，但巴克很好地吸取了教训。

A partir de entonces, mantuvo las riendas tensas y trabajó con cuidado.

从此以后，他严守纪律，认真工作。

Antes de que terminara el día, Buck había dominado gran parte de su tarea.

在这一天结束之前，巴克已经完成了大部分任务。

Sus compañeros casi dejaron de corregirlo y morderlo.

他的队友几乎不再纠正他或咬他。

El látigo de François resonaba cada vez con menos frecuencia en el aire.

弗朗索瓦的鞭子在空中划过的声音越来越小。

Perrault incluso levantó los pies de Buck y examinó cuidadosamente cada pata.

佩罗甚至抬起巴克的脚，仔细检查每只爪子。

Había sido un día de carrera duro, largo y agotador para todos ellos.

对于他们所有人来说，这是艰苦的一天，漫长而疲惫。

Viajaron por el Cañón, atravesando Sheep Camp y pasando por Scales.

他们沿着峡谷向上行进，穿过羊营（Sheep Camp），经过斯凯尔斯（Scales）。

Cruzaron la línea de árboles, luego glaciares y bancos de nieve de muchos metros de profundidad.

他们越过林木线，然后穿过数英尺深的冰川和雪堆。

Escalaron la gran, fría y prohibitiva divisoria de Chilkoot.

他们翻越了极其寒冷和险峻的奇尔库特分水岭。

Esa alta cresta se encontraba entre el agua salada y el interior helado.

那道高高的山脊矗立在咸水和冰冻的内陆之间。

Las montañas custodiaban con hielo y empinadas subidas el triste y solitario Norte.

群山以冰雪和陡峭的山坡守护着悲伤而孤独的北方。

Avanzaron a buen ritmo por una larga cadena de lagos debajo de la divisoria.

他们顺利地穿过了分水岭下方的一长串湖泊。

Esos lagos llenaban los antiguos cráteres de volcanes extintos.

这些湖泊填满了古老的死火山口。

Tarde esa noche, llegaron a un gran campamento en el lago Bennett.

那天深夜，他们到达了班尼特湖的一个大营地。

Miles de buscadores de oro estaban allí, construyendo barcos para la primavera.

数以千计的淘金者在那里建造船只，以备春天之用。

El hielo se rompería pronto y tenían que estar preparados.

冰很快就要破裂了，他们必须做好准备。

Buck cavó su hoyo en la nieve y cayó en un sueño profundo.

巴克在雪地里挖了一个洞，然后沉沉地睡去。

Durmió como un trabajador, exhausto por la dura jornada de trabajo.

他像一个工作的人一样睡着了，因为辛苦劳作了一天而精疲力尽。

Pero demasiado pronto, en la oscuridad, fue sacado del sueño.

但在天黑得太早的时候，他就被从睡梦中惊醒了。

Fue enganchado nuevamente con sus compañeros y sujeto al trineo.

他再次与伙伴们套上挽具并系在雪橇上。

Aquel día hicieron cuarenta millas, porque la nieve estaba muy pisoteada.

那天他们走了四十英里，因为雪被踩得很深。

Al día siguiente, y durante muchos días más, la nieve estaba blanda.

第二天以及之后的许多天，雪都很软。

Tuvieron que hacer el camino ellos mismos, trabajando más duro y moviéndose más lento.

他们必须自己开辟道路，工作更加努力，但进展却更慢。

Por lo general, Perrault caminaba delante del equipo con raquetas de nieve palmeadas.

通常，佩罗会穿着带蹼的雪鞋走在队伍前面。

Sus pasos compactaron la nieve, facilitando el movimiento del trineo.

他的脚步踩实了雪地，使雪橇更容易移动。

François, que dirigía el barco desde la dirección, a veces tomaba el relevo.

弗朗索瓦有时会利用船舵杆掌舵。

Pero era raro que François tomara la iniciativa.

但弗朗索瓦很少带头

porque Perrault tenía prisa por entregar las cartas y los paquetes.

因为佩罗急着递送信件和包裹。

Perrault estaba orgulloso de su conocimiento de la nieve, y especialmente del hielo.

佩罗对自己对雪，特别是冰的了解感到自豪。

Ese conocimiento era esencial porque el hielo en otoño era peligrosamente delgado.

这些知识至关重要，因为秋季冰层非常薄，非常危险。

Allí donde el agua fluía rápidamente bajo la superficie, no había hielo en absoluto.
在水面下快速流动的地方，根本没有冰。

Día tras día, la misma rutina se repetía sin fin.
日复一日，同样的例行公事无休止地重复着。

Buck trabajó incansablemente en las riendas desde el amanecer hasta la noche.
巴克从黎明到夜晚不停地操练缰绳。

Abandonaron el campamento en la oscuridad, mucho antes de que saliera el sol.
他们在天黑时离开了营地，那时太阳还未升起。

Cuando amaneció, ya habían recorrido muchos kilómetros.
天亮的时候，他们已经走了好几英里了。

Acamparon después del anochecer, comieron pescado y excavaron en la nieve.
天黑后他们扎营，吃鱼，在雪地里挖洞。

Buck siempre tenía hambre y nunca estaba realmente satisfecho con su ración.
巴克总是感到饥饿，并且从来都没有真正对他的食物感到满足。

Recibía una libra y media de salmón seco cada día.
他每天能收到一磅半的干鲑鱼。

Pero la comida parecía desaparecer dentro de él, dejando atrás el hambre.
但食物似乎在他体内消失了，只剩下饥饿感。

Sufría constantes dolores de hambre y soñaba con más comida.
他经常感到饥饿，梦想着能有更多的食物。

Los otros perros sólo ganaron una libra, pero se mantuvieron fuertes.
其他狗只得到了一磅食物，但它们仍然坚强。

Eran más pequeños y habían nacido en la vida del norte.

它们体型较小，出生在北方。

Perdió rápidamente la meticulosidad que había caracterizado su antigua vida.

他很快就不再像以前那样一丝不苟。

Había sido un comensal delicado, pero ahora eso ya no era posible.

他以前是个很讲究饮食的人，但是现在不再可能了。

Sus compañeros terminaron primero y le robaron su ración sobrante.

他的同伴们先吃完了，并抢走了他未吃完的口粮。

Una vez que empezaron, no había forma de defender su comida de ellos.

一旦它们开始攻击他，他就没有任何办法可以保护自己的食物了。

Mientras él luchaba contra dos o tres perros, los otros le robaron el resto.

当他击退两三只狗时，其余的狗就被其他狗偷走了。

Para solucionar esto, comenzó a comer tan rápido como los demás.

为了解决这个问题，他开始和其他人一样快地吃饭。

El hambre lo empujó tan fuerte que incluso tomó comida que no era suya.

饥饿使他难以忍受，他甚至吃掉不是自己的食物。

Observó a los demás y aprendió rápidamente de sus acciones.

他观察其他人并很快从他们的行为中学习。

Vio a Pike, un perro nuevo, robarle una rebanada de tocino a Perrault.

他看到一只新狗派克从佩罗那里偷了一片培根。

Pike había esperado hasta que Perrault se dio la espalda para robarle el tocino.

派克一直等到佩罗转过身去偷培根。

Al día siguiente, Buck copió a Pike y robó todo el trozo.

第二天，巴克模仿派克，偷走了整块石头。

Se produjo un gran alboroto, pero no se sospechó de Buck.

随后发生了一场大骚动，但巴克并没有受到怀疑。

Dub, un perro torpe que siempre era atrapado, fue castigado.
笨手笨脚的狗杜布总是被抓住，因此受到了惩罚。

Ese primer robo marcó a Buck como un perro apto para sobrevivir en el Norte.
第一次偷窃事件标志着巴克是一只适合在北方生存的狗。

Demostró que podía adaptarse a nuevas condiciones y aprender rápidamente.
他表现出他能够适应新环境并快速学习。

Sin esa adaptabilidad, habría muerto rápida y gravemente.
如果没有这样的适应能力，他就会死得又快又惨。

También marcó el colapso de su naturaleza moral y de sus valores pasados.
这也标志着他的道德本质和过去价值观的崩溃。

En el Sur, había vivido bajo la ley del amor y la bondad.
在南国，他生活在充满爱与仁慈的法律之下。

Allí tenía sentido respetar la propiedad y los sentimientos de los otros perros.
在那里，尊重财产和其他狗的感受是有道理的。

Pero en el Norte se aplicaba la ley del garrote y la ley del colmillo.
但北国遵循的是棍棒法则和尖牙法则。

Quienquiera que respetara los viejos valores aquí sería un tonto y fracasaría.
任何尊重这里旧价值观的人都是愚蠢的，都会失败。

Buck no razonó todo esto en su mente.
巴克心里并没有想清楚这一切。

Estaba en forma y se adaptó sin necesidad de pensar.
他身体很健康，所以不用思考就能调整。

Durante toda su vida, nunca había huido de una pelea.
他一生中从未逃避过战斗。

Pero el garrote de madera del hombre del suéter rojo cambió esa regla.
但穿红毛衣的男人的木棍改变了这个规则。

Ahora seguía un código más profundo y antiguo escrito en su ser.

现在，他遵循着刻在他心中的更深层、更古老的准则。

No robó por placer sino por el dolor del hambre.

他偷窃并非出于享乐，而是因为饥饿的痛苦。

Él nunca robaba abiertamente, sino que hurtaba con astucia y cuidado.

他从不公开抢劫，而是狡猾而谨慎地偷窃。

Actuó por respeto al garrote de madera y por miedo al colmillo.

他的行为是出于对木棍的尊重和对毒牙的恐惧。

En resumen, hizo lo que era más fácil y seguro que no hacerlo.

简而言之，他做的比不做的更容易、更安全。

Su desarrollo —o quizás su regreso a los viejos instintos— fue rápido.

他的成长——或者说他恢复旧有本能——非常快。

Sus músculos se endurecieron hasta sentirse tan fuertes como el hierro.

他的肌肉变得越来越结实，直到感觉像铁一样坚硬。

Ya no le importaba el dolor, a menos que fuera grave.

他不再关心疼痛，除非疼痛很严重。

Se volvió eficiente por dentro y por fuera, sin desperdiciar nada.

他从内到外都变得高效，没有任何浪费。

Podía comer cosas viles, podridas o difíciles de digerir.

他可以吃恶心、腐烂或难以消化的东西。

Todo lo que comía, su estómago aprovechaba hasta el último vestigio de valor.

无论他吃什么，他的胃都会将其充分利用。

Su sangre transportaba los nutrientes a través de su poderoso cuerpo.

他的血液将营养物质输送到他强健的身体各处。

Esto creó tejidos fuertes que le dieron una resistencia increíble.

这使得他的组织变得强健，赋予他惊人的耐力。

Su vista y su olfato se volvieron mucho más sensibles que antes.

他的视觉和嗅觉比以前敏锐得多。

Su audición se agudizó tanto que podía detectar sonidos débiles durante el sueño.

他的听觉变得如此敏锐，以至于在睡眠中也能听见微弱的声音。

Sabía en sueños si los sonidos significaban seguridad o peligro.

他在梦中知道这些声音是意味着安全还是危险。

Aprendió a morder el hielo entre los dedos de los pies con los dientes.

他学会了用牙齿咬脚趾间的冰。

Si un charco de agua se congelaba, rompía el hielo con las piernas.

如果水坑结冰了，他就会用腿把冰破掉。

Se encabritó y golpeó con fuerza el hielo con sus rígidas patas delanteras.

他直立起来，用僵硬的前肢用力撞击冰面。

Su habilidad más sorprendente era predecir los cambios del viento durante la noche.

他最惊人的能力是预测一夜之间的风向变化。

Incluso cuando el aire estaba quieto, elegía lugares protegidos del viento.

即使空气静止时，他也会选择避风的地方。

Dondequiera que cavaba su nido, el viento del día siguiente lo pasaba de largo.

无论他在哪里筑巢，第二天的风都会吹过他。

Siempre acababa abrigado y protegido, a sotavento de la brisa.

他总是舒适地躲在下风处，受到保护。

Buck no sólo aprendió con la experiencia: sus instintos también regresaron.

巴克不仅通过经验学习，他的本能也恢复了。

Los hábitos de las generaciones domesticadas comenzaron a desaparecer.

驯化一代人的习惯开始消失。

De manera vaga, recordaba los tiempos antiguos de su raza.

他模糊地记得自己种族的古老时代。

Recordó cuando los perros salvajes corrían en manadas por los bosques.

他回想起野狗成群结队地在森林里奔跑的情景。

Habían perseguido y matado a su presa mientras la perseguían.

他们在追捕猎物时追赶并杀死了猎物。

Para Buck fue fácil aprender a pelear con dientes y velocidad.

巴克很容易就学会了如何利用牙齿和速度进行战斗。

Utilizaba cortes, tajos y chasquidos rápidos igual que sus antepasados.

他像他的祖先一样使用砍、砍和快速的折断。

Aquellos antepasados se agitaron dentro de él y despertaron su naturaleza salvaje.

那些祖先激起了他内心的骚动，唤醒了他狂野的本性。

Sus antiguas habilidades habían pasado a él a través de la línea de sangre.

他们的旧技能已通过血统传给了他。

Sus trucos ahora eran suyos, sin necesidad de práctica ni esfuerzo.

现在他们的技巧已经为他所用，无需练习或努力。

En las noches frías y quietas, Buck levantaba la nariz y aullaba.

在寂静寒冷的夜晚，巴克抬起鼻子嚎叫。

Aulló largo y profundamente, como lo hacían los lobos antaño.

他发出一声深沉而悠长的嚎叫，就像很久以前的狼那样。

A través de él, sus antepasados muertos apuntaron sus narices y aullaron.

通过他，他死去的祖先们指着鼻子嚎叫。

Aullaron a través de los siglos con su voz y su forma.

它们以他的声音和身影，在几个世纪中一直咆哮。

Sus cadencias eran las de ellos, viejos gritos que hablaban de dolor y frío.

他的歌声和他们的歌声一样，是诉说悲伤和寒冷的古老哭声。

Cantaron sobre la oscuridad, el hambre y el significado del invierno.

他们歌唱黑暗、饥饿和冬天的意义。

Buck demostró cómo la vida está determinada por fuerzas ajenas a uno mismo.

巴克证明了生命是如何被超越自身的力量所塑造的，

La antigua canción se elevó a través de Buck y se apoderó de su alma.

这首古老的歌谣在巴克心中回荡，并占据了他的灵魂。

Se encontró a sí mismo porque los hombres habían encontrado oro en el Norte.

他找到了自己，因为人们在北方发现了黄金。

Y se encontró porque Manuel, el ayudante del jardinero, necesitaba dinero.

他之所以能找到自己，是因为园丁的助手曼努埃尔需要钱。

La Bestia Primordial Dominante
主宰原始野兽

La bestia primordial dominante era tan fuerte como siempre en Buck.

巴克身上占主导地位的原始野兽依然强大。

Pero la bestia primordial dominante yacía latente en él.

但那头占主导地位的原始野兽却在他体内沉睡。

La vida en el camino era dura, pero fortalecía a la bestia que Buck llevaba dentro.

越野生活虽然艰苦，但却增强了巴克内心的野兽之心。

En secreto, la bestia se hacía cada día más fuerte.

野兽每天都在秘密地变得越来越强大。

Pero ese crecimiento interior permaneció oculto para el mundo exterior.

但内心的成长对于外界来说却是隐藏的。

Una fuerza primordial, tranquila y calmada se estaba construyendo dentro de Buck.

一种安静而平和的原始力量正在巴克内心积聚。

Una nueva astucia le proporcionó a Buck equilibrio, calma, control y aplomo.

新的狡猾让巴克变得平衡、冷静、沉着。

Buck se concentró mucho en adaptarse, sin sentirse nunca totalmente relajado.

巴克努力集中精力去适应，但始终感觉不到完全放松。

Él evitaba los conflictos, nunca iniciaba peleas ni buscaba problemas.

他避免冲突，从不挑起争斗，也不惹麻烦。

Una reflexión lenta y constante moldeó cada movimiento de Buck.

缓慢而稳定的深思熟虑塑造了巴克的每一个举动。

Evitó las elecciones precipitadas y las decisiones repentinas e imprudentes.

他避免做出草率的选择和突然、鲁莽的决定。

Aunque Buck odiaba profundamente a Spitz, no le mostró ninguna agresión.

尽管巴克深恨斯皮茨，但他并没有向他表现出任何攻击性。

Buck nunca provocó a Spitz y mantuvo sus acciones moderadas.

巴克从未激怒过斯皮茨，并且保持着克制自己的行为。

Spitz, por otro lado, percibió el creciente peligro en Buck.

另一方面，斯皮茨感觉到巴克身上越来越大的危险。

Él veía a Buck como una amenaza y un serio desafío a su poder.

他认为巴克是一个威胁，对他的权力是一个严峻的挑战。

Aprovechó cada oportunidad para gruñir y mostrar sus afilados dientes.

他利用一切机会咆哮并露出锋利的牙齿。

Estaba tratando de iniciar la pelea mortal que estaba por venir.

他正试图发起一场必将到来的殊死战斗。

Al principio del viaje casi se desató una pelea entre ellos.

旅行初期，他们之间几乎爆发了一场争吵。

Pero un accidente inesperado detuvo la pelea.

但一场意外的事故阻止了这场战斗的发生。

Esa tarde acamparon en el gélido lago Le Barge.

那天晚上，他们在寒冷的勒巴尔日湖边扎营。

La nieve caía con fuerza y el viento cortaba como un cuchillo.

雪下得很大，风像刀子一样刺骨。

La noche había llegado demasiado rápido y la oscuridad los rodeaba.

夜幕降临得太快，黑暗将他们包围。

Difícilmente podrían haber elegido un peor lugar para descansar.

他们选择的休息地点实在是太糟糕了。

Los perros buscaban desesperadamente un lugar donde tumbarse.

狗拼命寻找一个可以躺下的地方。

Detrás del pequeño grupo se alzaba una alta pared de roca.

一堵高高的岩壁在这群人的身后陡然耸立。

La tienda de campaña había sido abandonada en Dyea para aligerar la carga.

为了减轻负担，帐篷被留在了迪亚。

No les quedó más remedio que hacer el fuego sobre el propio hielo.

他们别无选择，只能在冰上生火。

Extendieron sus batas para dormir directamente sobre el lago helado.

他们把睡袍直接铺在冰冻的湖面上。

Unos cuantos palitos de madera flotante les dieron un poco de fuego.

几根浮木为他们带来了一点火。

Pero el fuego se construyó sobre el hielo y se descongeló a través de él.

但火是在冰上燃起的，并且通过冰融化。

Al final, estaban comiendo su cena en la oscuridad.

最后他们在黑暗中吃晚饭。

Buck se acurrucó junto a la roca, protegido del viento frío.

巴克蜷缩在岩石旁边，躲避寒风。

El lugar era tan cálido y seguro que Buck odiaba mudarse.

这个地方非常温暖、安全，巴克不愿意离开。

Pero François había calentado el pescado y estaba repartiendo raciones.

但弗朗索瓦已经把鱼热好并分发了口粮。

Buck terminó de comer rápidamente y regresó a su cama.

巴克很快吃完饭，然后回到床上。

Pero Spitz ahora estaba acostado donde Buck había hecho su cama.

但斯皮茨现在正躺在巴克铺好床的地方。

Un gruñido bajo advirtió a Buck que Spitz se negaba a moverse.

巴克低声咆哮着警告说，斯皮茨拒绝移动。

Hasta ahora, Buck había evitado esta pelea con Spitz.

到目前为止，巴克一直避免与斯皮茨发生战斗。

Pero en lo más profundo de Buck la bestia finalmente se liberó.

但巴克内心深处的野兽终于挣脱了。

El robo de su lugar para dormir era algo demasiado difícil de tolerar.

他的睡觉的地方被盗，这实在令人无法容忍。

Buck se lanzó hacia Spitz, lleno de ira y rabia.

巴克满怀愤怒和狂怒，向斯皮茨扑去。

Hasta ahora Spitz había pensado que Buck era sólo un perro grande.

直到现在，斯皮茨还以为巴克只是一只大狗。

No creía que Buck hubiera sobrevivido a través de su espíritu.

他不认为巴克凭借其精神存活了下来。

Esperaba miedo y cobardía, no furia y venganza.

他期待的是恐惧和懦弱，而不是愤怒和报复。

François se quedó mirando mientras los dos perros salían del nido en ruinas.

弗朗索瓦目睹两只狗从被毁坏的狗窝里冲出来。

Comprendió de inmediato lo que había iniciado la salvaje lucha.

他立刻明白了是什么引发了这场激烈的争斗。

—¡Ah! —gritó François en apoyo del perro marrón.

"啊啊！"弗朗索瓦大声喊道，支持这只棕色的狗。

¡Dale una paliza! ¡Por Dios, castiga a ese ladrón astuto!

"揍扁他！老天爷啊，惩罚一下这个鬼鬼祟祟的小偷！"

Spitz mostró la misma disposición y un entusiasmo salvaje por luchar.

斯皮茨表现出同样的准备和狂热的战斗热情。

Gritó de rabia mientras giraba rápidamente en busca de una abertura.

他一边愤怒地叫喊，一边快速地盘旋，寻找着突破口。

Buck mostró el mismo hambre de luchar y la misma cautela.

巴克表现出同样的战斗渴望，以及同样的谨慎。

También rodeó a su oponente, intentando obtener la ventaja en la batalla.

他也绕着对手转圈，试图在战斗中占上风。

Entonces sucedió algo inesperado y lo cambió todo.

然后意想不到的事情发生了，改变了一切。

Ese momento retrasó la eventual lucha por el liderazgo.

那一刻推迟了最终的领导权之争。

Muchos kilómetros de camino y lucha aún nos esperaban antes del final.

在终点之前，还有很长的路要走，还有许多艰辛等待着我们。

Perrault gritó un juramento cuando un garrote impactó contra el hueso.

当棍棒敲击骨头时，佩罗大声咒骂。

Se escuchó un agudo grito de dolor y luego el caos explotó por todas partes.

随后传来一声痛苦的尖叫，四周一片混乱。

En el campamento se movían figuras oscuras: perros esquimales salvajes, hambrientos y feroces.

营地里黑影移动；野性的哈士奇，饥饿而凶猛。

Cuatro o cinco docenas de perros esquimales habían olfateado el campamento desde lejos.

四五十只哈士奇从远处嗅到了营地的气味。

Se habían colado sigilosamente mientras los dos perros peleaban cerca.

当两只狗在附近打架时，他们悄悄地潜了进来。

François y Perrault atacaron con garrotes a los invasores.

弗朗索瓦和佩罗发起冲锋，挥舞着棍棒向入侵者发起攻击。

Los perros esquimales hambrientos mostraron los dientes y contraatacaron frenéticamente.

饥饿的哈士奇露出牙齿，疯狂反击。

El olor a carne y a pan les había hecho perder todo miedo.

肉和面包的香味驱散了他们的恐惧。

Perrault golpeó a un perro que había enterrado su cabeza en el cajón de comida.

佩罗殴打了一只把头埋在食物盒里的狗。

El golpe fue muy fuerte y la caja se volcó, derramándose comida.

这一击很重，盒子翻转了，食物洒了出来。

En cuestión de segundos, una veintena de bestias salvajes destrozaron el pan y la carne.

几秒钟之内，二十只野兽就把面包和肉撕碎了。

Los garrotes de los hombres asestaron golpe tras golpe, pero ningún perro se apartó.

男人们的棍棒不断挥击，但没有一只狗能躲过。

Aullaron de dolor, pero lucharon hasta que no quedó comida.

它们痛苦地嚎叫着，但仍在战斗，直到没有食物为止。

Mientras tanto, los perros de trineo habían saltado de sus camas nevadas.

与此同时，雪橇犬已经从雪床上跳了起来。

Fueron atacados instantáneamente por los feroces y hambrientos huskies.

他们立即遭到凶猛饥饿的哈士奇的袭击。

Buck nunca había visto criaturas tan salvajes y hambrientas antes.

巴克以前从未见过如此野蛮和饥饿的动物。

Su piel colgaba suelta, ocultando apenas sus esqueletos.

他们的皮肤松弛下垂，几乎遮不住他们的骨骼。

Había un fuego en sus ojos, de hambre y locura.

他们的眼睛里燃烧着饥饿和疯狂的火焰

No había manera de detenerlos, de resistirse a su ataque salvaje.

没有什么可以阻止他们；没有什么可以抵抗他们野蛮的冲锋。

Los perros de trineo fueron empujados hacia atrás y presionados contra la pared del acantilado.

雪橇犬被推回，并被压在悬崖壁上。

Tres perros esquimales atacaron a Buck a la vez, desgarrando su carne.

三只哈士奇立刻向巴克发起攻击，撕咬他的肉体。

La sangre le brotaba de la cabeza y de los hombros, donde había recibido el corte.

他的头部和肩膀被割伤，鲜血直流。

El ruido llenó el campamento: gruñidos, aullidos y gritos de dolor.

营地里充满了噪音；咆哮声、尖叫声和痛苦的哭喊声。

Billee gritó fuerte, como siempre, atrapada en la pelea y el pánico.

比莉像往常一样，陷入了争斗和恐慌之中，大声哭了起来。

Dave y Solleks estaban uno al lado del otro, sangrando pero desafiantes.

戴夫和索莱克斯并肩站着，浑身是血，但依然顽强抵抗。

Joe peleó como un demonio, mordiendo todo lo que se acercaba.

乔像恶魔一样战斗，咬任何靠近的东西。

Aplastó la pata de un husky con un brutal chasquido de sus mandíbulas.

他用嘴狠狠地咬碎了一只哈士奇的腿。

Pike saltó sobre el husky herido y le rompió el cuello instantáneamente.

派克跳到受伤的哈士奇身上，瞬间扭断了它的脖子。

Buck agarró a un husky por el cuello y le arrancó la vena.

巴克抓住了哈士奇的喉咙并撕开了它的血管。

La sangre salpicó y el sabor cálido llevó a Buck al frenesí.

鲜血喷洒而出，温热的味道让巴克陷入狂暴。

Se abalanzó sobre otro atacante sin dudarlo.

他毫不犹豫地向另一名袭击者扑去。

En ese mismo momento, unos dientes afilados se clavaron en la garganta de Buck.

与此同时，锋利的牙齿咬住了巴克的喉咙。

Spitz había atacado desde un costado, sin previo aviso.

斯皮茨从侧面发起攻击，毫无预警。

Perrault y François habían derrotado a los perros robando la comida.

佩罗和弗朗索瓦打败了偷食物的狗。

Ahora se apresuraron a ayudar a sus perros a luchar contra los atacantes.

现在他们冲上前去帮助他们的狗反击袭击者。

Los perros hambrientos se retiraron mientras los hombres blandían sus garrotes.

当这些人挥动棍棒时，饥饿的狗纷纷撤退。

Buck se liberó del ataque, pero el escape fue breve.

巴克挣脱了攻击，但逃脱的时间很短。

Los hombres corrieron a salvar a sus perros, y los huskies volvieron a atacarlos.

男人们赶紧跑去救他们的狗，哈士奇们又蜂拥而至。

Billee, aterrorizado y valiente, saltó hacia la jauría de perros.

比利吓得鼓起勇气，跳进了狗群。

Pero luego huyó a través del hielo, presa del terror y el pánico.

但随后，他就惊恐万分，慌乱地穿过冰面逃走了。

Pike y Dub los siguieron de cerca, corriendo para salvar sus vidas.

派克和杜布紧随其后，逃命地奔跑。

El resto del equipo se separó y se dispersó, siguiéndolos.

其余队员也纷纷散开，跟在他们后面。

Buck reunió sus fuerzas para correr, pero entonces vio un destello.

巴克鼓起勇气准备跑，但突然看到一道闪光。

Spitz se abalanzó sobre el costado de Buck, intentando derribarlo al suelo.

斯皮茨猛扑向巴克的侧面，试图将他击倒在地。

Bajo esa turba de perros esquimales, Buck no habría tenido escapatoria.

在那群哈士奇的围剿下，巴克根本无法逃脱。

Pero Buck se mantuvo firme y se preparó para el golpe de Spitz.

但巴克坚定地站着，准备迎接斯皮茨的打击。

Luego se dio la vuelta y salió corriendo al hielo con el equipo que huía.

然后他转身和逃跑的队伍一起跑到了冰上。

Más tarde, los nueve perros de trineo se reunieron al abrigo del bosque.

随后，九只雪橇犬聚集在树林的掩蔽处。

Ya nadie los perseguía, pero estaban maltratados y heridos.

没有人再追赶他们，但他们却伤痕累累。

Cada perro tenía heridas: cuatro o cinco cortes profundos en cada cuerpo.

每只狗都受伤了；每只狗身上都有四五处深深的伤口。

Dub tenía una pata trasera herida y ahora le costaba caminar.

杜布的后腿受伤了，现在走路很困难。

Dolly, la perrita más nueva de Dyea, tenía la garganta cortada.

多莉是戴亚家最新出生的狗，它的喉咙被割破了。

Joe había perdido un ojo y la oreja de Billee estaba cortada en pedazos.

乔失去了一只眼睛，比莉的耳朵被割成了碎片

Todos los perros lloraron de dolor y derrota durante toda la noche.

所有的狗都痛苦而沮丧地哭了一整夜。

Al amanecer regresaron al campamento doloridos y destrozados.

黎明时分，他们浑身伤痕累累，蹑手蹑脚地回到营地。

Los perros esquimales habían desaparecido, pero el daño ya estaba hecho.

哈士奇消失了，但损失已经造成。

Perrault y François estaban de mal humor ante las ruinas.

佩罗和弗朗索瓦站在废墟旁，心情十分沮丧。

La mitad de la comida había desaparecido, robada por los ladrones hambrientos.

一半的食物都没了，被饥饿的盗贼抢走了。

Los perros esquimales habían destrozado las ataduras y la lona del trineo.

哈士奇犬已经撕破了雪橇的绑带和帆布。

Todo lo que tenía olor a comida había sido devorado por completo.

任何有食物气味的东西都被吃光了。

Se comieron un par de botas de viaje de piel de alce de Perrault.

他们吃了一双佩罗的驼鹿皮旅行靴。

Masticaban correas de cuero y arruinaban las correas hasta dejarlas inservibles.

它们啃咬皮革，损坏皮带，使其无法使用。

François dejó de mirar el látigo roto para revisar a los perros.

弗朗索瓦不再盯着被撕破的鞭子，而是去查看狗。

—Ah, amigos míos —dijo en voz baja y llena de preocupación.

"啊，我的朋友们，"他低声说道，声音里充满了担忧。

"Tal vez todas estas mordeduras os conviertan en bestias locas."

"也许这些咬伤会让你们变成疯狂的野兽。"

—¡Quizás todos sean perros rabiosos, sacredam! ¿Qué opinas, Perrault?

"也许都是疯狗，天哪！你觉得怎么样，佩罗？"

Perrault meneó la cabeza; sus ojos estaban oscuros por la preocupación y el miedo.

佩罗摇了摇头，眼神里充满了担忧和恐惧。

Todavía había cuatrocientas millas entre ellos y Dawson.

他们和道森之间仍有四百英里的距离。

La locura canina ahora podría destruir cualquier posibilidad de supervivencia.

现在，狗的疯狂可能会摧毁任何生存的机会。

Pasaron dos horas maldiciendo y tratando de arreglar el engranaje.

他们花了两个小时咒骂并试图修复装备。

El equipo herido finalmente abandonó el campamento, destrozado y derrotado.

伤员队伍最终溃不成军，离开了营地。

Éste fue el camino más difícil hasta ahora y cada paso era doloroso.

这是迄今为止最艰难的路程，每一步都很痛苦。

El río Treinta Millas no se había congelado y su caudal corría con fuerza.

三十里河尚未结冰，水流湍急。

Sólo en los lugares tranquilos y en los remolinos el hielo logró retenerse.

只有在平静的地方和漩涡中冰才能保持稳定。

Pasaron seis días de duro trabajo hasta recorrer las treinta millas.

经过六天的艰苦劳动，三十英里的路程终于完成了。

Cada kilómetro del camino traía consigo peligro y amenaza de muerte.

每英里的道路都带来危险和死亡的威胁。

Los hombres y los perros arriesgaban sus vidas con cada doloroso paso.

男人和狗每走一步都冒着生命危险。

Perrault rompió delgados puentes de hielo una docena de veces diferentes.

佩罗曾十几次打破薄冰桥。

Llevó un palo y lo dejó caer sobre el agujero que había hecho su cuerpo.

他拿着一根杆子，让它落在他身体撞出的洞上。

Más de una vez ese palo salvó a Perrault de ahogarse.

这根杆子曾多次救佩罗免于溺水。

La ola de frío se mantuvo firme y el aire estaba a cincuenta grados bajo cero.

寒流持续不断，气温降至零下五十度。

Cada vez que se caía, Perrault tenía que encender un fuego para sobrevivir.

每次掉下去，佩罗就必须点火才能生存。

La ropa mojada se congelaba rápidamente, por lo que la secaba cerca del calor abrasador.

湿衣服很快就结冻了，所以他用高温烘干它们。

Ningún miedo afectó jamás a Perrault, y eso lo convirtió en mensajero.

佩罗从不畏惧，这使他成为一名信使。

Fue elegido para el peligro y lo afrontó con tranquila resolución.

他被选中去承担危险，并且他以沉着的决心去面对它。

Avanzó contra el viento, con el rostro arrugado y congelado.

他迎风向前走去，干瘪的脸上满是冻伤。

Desde el amanecer hasta el anochecer, Perrault los condujo hacia adelante.

从黎明微光到夜幕降临，佩罗带领他们继续前行。

Caminó sobre un estrecho borde de hielo que se agrietaba con cada paso.

他走在边缘狭窄的冰面上，每走一步，冰面都会裂开。

No se atrevieron a detenerse: cada pausa suponía el riesgo de un colapso mortal.

他们不敢停下来——

每一次停顿都有可能导致致命的崩溃。

Una vez, el trineo se abrió paso y arrastró a Dave y Buck.

有一次，雪橇冲破了雪道，把戴夫和巴克拉了进去。

Cuando los liberaron, ambos estaban casi congelados.

当他们被拖出来时，两人都几乎冻僵了。

Los hombres hicieron un fuego rápidamente para mantener con vida a Buck y Dave.

男人们迅速生起火来，以保证巴克和戴夫活下去。

Los perros estaban cubiertos de hielo desde la nariz hasta la cola, rígidos como madera tallada.

狗从鼻子到尾巴都覆盖着冰，僵硬得像雕刻的木头一样。

Los hombres los hicieron correr en círculos cerca del fuego para descongelar sus cuerpos.

男人们让孩子们在火堆旁跑来跑去，以解冻孩子们的尸体。

Se acercaron tanto a las llamas que su pelaje se quemó.

它们距离火焰太近，以至于它们的皮毛都被烧焦了。

Luego Spitz rompió el hielo y arrastró al equipo detrás de él.

接下来，斯皮茨冲破了冰层，拖着身后的队伍。

La ruptura llegó hasta donde Buck estaba tirando.

断裂处一直延伸到巴克拉动的地方。

Buck se reclinó con fuerza hacia atrás, sus patas resbalaron y temblaron en el borde.

巴克猛地向后靠去，爪子在边缘处打滑并颤抖。

Dave también se esforzó hacia atrás, justo detrás de Buck en la línea.

戴夫也向后靠拢，刚好在巴克身后。

François tiró del trineo; sus músculos crujían por el esfuerzo.

弗朗索瓦拉着雪橇，他的肌肉因用力而发出嘎吱声。

En otra ocasión, el borde del hielo se agrietó delante y detrás del trineo.

还有一次，雪橇前后边缘的冰裂开了。

No tenían otra salida que escalar una pared del acantilado congelado.

除了攀爬冰冻的悬崖壁外，他们没有其他出路。

De alguna manera Perrault logró escalar el muro; un milagro lo mantuvo con vida.

佩罗不知怎么地爬上了墙；奇迹让他活了下来。

François se quedó abajo, rezando por tener la misma suerte.

弗朗索瓦留在楼下，祈祷着同样的好运。

Ataron todas las correas, amarres y tirantes hasta formar una cuerda larga.

他们把每条皮带、捆扎带和牵引绳都绑成一根长绳。

Los hombres subieron cada perro, uno a uno, hasta la cima.

男人们把每只狗都拖上去，一次一只。

François subió el último, después del trineo y toda la carga.

弗朗索瓦（François）
最后一个爬上去，跟在雪橇和所有货物后面。

Entonces comenzó una larga búsqueda de un camino para bajar de los acantilados.

然后开始漫长的寻找从悬崖下来的道路。

Finalmente descendieron usando la misma cuerda que habían hecho.

他们最终利用自己制作的同一根绳索下山。

La noche cayó cuando regresaron al lecho del río, exhaustos y doloridos.

当他们筋疲力尽、浑身酸痛地回到河床时，夜幕降临了。

El día completo les había proporcionado sólo un cuarto de milla de ganancia.

他们花了一整天的时间才走了四分之一英里。

Cuando llegaron a Hootalinqua, Buck estaba agotado.

当他们到达 Hootalinqua
时，巴克已经筋疲力尽了。

Los demás perros sufrieron igual de mal las condiciones del sendero.

其他狗也因路径状况而遭受了同样严重的伤害。

Pero Perrault necesitaba recuperar tiempo y los presionaba cada día.

但佩罗需要恢复时间，并每天督促他们。

El primer día viajaron treinta millas hasta Big Salmon.

第一天，他们行驶了三十英里到达大鲑鱼。

Al día siguiente viajaron treinta y cinco millas hasta Little Salmon.

第二天，他们行驶了三十五英里，到达了小萨蒙。

Al tercer día avanzaron a través de cuarenta largas y heladas millas.

第三天，他们走过了四十英里冰冻的路程。

Para entonces, se estaban acercando al asentamiento de Five Fingers.

那时，他们已经接近五指定居点了。

Los pies de Buck eran más suaves que los duros pies de los huskies nativos.

巴克的脚比本地哈士奇的硬脚要柔软。

Sus patas se habían vuelto tiernas a lo largo de muchas generaciones civilizadas.

经过多代文明的洗礼，他的爪子已经变得娇嫩。

Hace mucho tiempo, sus antepasados habían sido domesticados por hombres del río o cazadores.

很久以前，他的祖先被河人或猎人驯服了。

Todos los días Buck cojeaba de dolor, caminando sobre sus patas doloridas y en carne viva.

巴克每天都痛苦地跛行，用粗糙、疼痛的爪子行走。

En el campamento, Buck cayó como un cuerpo sin vida sobre la nieve.

在营地里，巴克像一个毫无生气的身影倒在雪地上。

Aunque estaba hambriento, Buck no se levantó a comer su cena.

尽管很饿，巴克还是没有起床吃晚饭。

François le trajo a Buck su ración, poniendo pescado junto a su hocico.

弗朗索瓦给巴克送来了口粮，并把鱼放在巴克的嘴边。

Cada noche, el conductor frotaba los pies de Buck durante media hora.

每天晚上，司机都会给巴克的脚揉半个小时。

François incluso cortó sus propios mocasines para hacer calzado para perros.

弗朗索瓦甚至剪开自己的鹿皮鞋来制作狗鞋。

Cuatro zapatos cálidos le dieron a Buck un gran y bienvenido alivio.

四双温暖的鞋子让巴克感到无比轻松。

Una mañana, François olvidó los zapatos y Buck se negó a levantarse.

一天早上，弗朗索瓦忘记了鞋子，而巴克拒绝起床。

Buck yacía de espaldas, con los pies en el aire, agitándolos lastimeramente.

巴克仰面躺着，双脚高高举起，可怜巴巴地挥舞着。

Incluso Perrault sonrió al ver la dramática súplica de Buck.

看到巴克戏剧性的恳求，就连佩罗也笑了。

Pronto los pies de Buck se endurecieron y los zapatos pudieron desecharse.

很快，巴克的脚就变硬了，鞋子就可以扔掉了。

En Pelly, durante el periodo de uso del arnés, Dolly emitió un aullido terrible.

在佩利，当套上挽具时，多莉会发出一声可怕的嚎叫。

El grito fue largo y lleno de locura, sacudiendo a todos los perros.

哭声悠长而疯狂，震得每只狗都颤抖起来。

Cada perro se erizaba de miedo sin saber el motivo.

每只狗都不知道为什么而恐惧地竖起了毛。

Dolly se volvió loca y se arrojó directamente hacia Buck.

多莉已经疯了，她径直向巴克扑去。

Buck nunca había visto la locura, pero el horror llenó su corazón.

巴克从未见过疯狂，但恐惧充满了他的内心。

Sin pensarlo, se dio la vuelta y huyó presa del pánico absoluto.

他没有多想，慌乱之中转身就逃。

Dolly lo persiguió con los ojos desorbitados y la saliva saliendo de sus mandíbulas.

多莉追着他，眼神狂野，口水直流。

Ella se mantuvo justo detrás de Buck, sin ganar terreno ni quedarse atrás.

她一直跟在巴克身后，既不前进，也不后退。

Buck corrió a través del bosque, bajó por la isla y cruzó el hielo irregular.

巴克跑过树林，跑下小岛，跨过锯齿状的冰面。

Cruzó hacia una isla, luego hacia otra, dando la vuelta nuevamente hasta el río.

他穿过一座岛屿，然后又穿过另一座岛屿，绕回河边。

Aún así Dolly lo persiguió, con su gruñido detrás de cada paso.

多莉仍然追着他，每走一步，她都会在后面咆哮。

Buck podía oír su respiración y su rabia, aunque no se atrevía a mirar atrás.

巴克可以听到她的呼吸和愤怒，尽管他不敢回头。

François gritó desde lejos y Buck se giró hacia la voz.

弗朗索瓦从远处喊道，巴克顺着声音转过身。

Todavía jadeando en busca de aire, Buck pasó corriendo, poniendo toda su esperanza en François.

巴克一边喘着气，一边跑过去，把所有的希望都寄托在弗朗索瓦身上。

El conductor del perro levantó un hacha y esperó mientras Buck pasaba volando.

狗司机举起斧头，等待巴克飞奔而过。

El hacha cayó rápidamente y golpeó la cabeza de Dolly con una fuerza mortal.

斧头迅速落下，致命一击击中了多莉的头部。

Buck se desplomó cerca del trineo, jadeando e incapaz de moverse.

巴克倒在雪橇旁，气喘吁吁，无法动弹。

Ese momento le dio a Spitz la oportunidad de golpear a un enemigo exhausto.

那一刻，斯皮茨有机会攻击疲惫的敌人。

Mordió a Buck dos veces, desgarrando la carne hasta el hueso blanco.

它两次咬了巴克，把肉撕成了白骨。

El látigo de François hizo chasquear el látigo y golpeó a Spitz con toda su fuerza y furia.

弗朗索瓦的鞭子啪的一声响起，用尽全力猛击斯皮茨。

Buck observó con alegría cómo Spitz recibía la paliza más dura que había recibido hasta entonces.

巴克高兴地看着斯皮茨遭受迄今为止最惨痛的打击。

"Es un demonio ese Spitz", murmuró Perrault para sí mismo.

"那只斯皮茨犬真是个魔鬼，"佩罗阴沉地自言自语道。

"Algún día, ese maldito perro matará a Buck, lo juro".

"不久的将来，那条该死的狗会杀死巴克——我发誓。"

—Ese Buck tiene dos demonios dentro —respondió François asintiendo.

"那只巴克心里有两个魔鬼，"弗朗索瓦点头回答道。

"Cuando veo a Buck, sé que algo feroz le aguarda dentro".

"当我观察巴克时，我知道他内心深处隐藏着某种凶猛的东西。"

"Un día se pondrá furioso y destrozará a Spitz".

"总有一天，他会像火一样愤怒，把斯皮茨撕成碎片。"

"Masticará a ese perro y lo escupirá en la nieve congelada".

"他会把那只狗咬碎，然后把它吐在冰冻的雪地上。
"

"Estoy seguro de que lo sé en lo más profundo de mi ser".
"毫无疑问，我深知这一点。"

A partir de ese momento los dos perros quedaron en guerra.
从那一刻起，两只狗就开始互相争斗。

Spitz lideró al equipo y mantuvo el poder, pero Buck lo
desafió.
斯皮茨领导团队并掌握权力，但巴克对此提出了挑战
。

Spitz vio su rango amenazado por este extraño extraño de
Southland.
斯皮茨发现他的地位受到了这个奇怪的南国陌生人的
威胁。

Buck no se parecía a ningún otro perro sureño que Spitz
hubiera conocido antes.
巴克与斯皮兹以前认识的任何南方狗都不一样。

La mayoría de ellos fracasaron: eran demasiado débiles para
sobrevivir al frío y al hambre.
他们中的大多数人都失败了——
他们太虚弱了，无法忍受寒冷和饥饿。

Murieron rápidamente bajo el trabajo, las heladas y el lento
ardor del hambre.
他们在劳作、霜冻和饥荒的缓慢侵蚀下迅速死去。

Buck se destacó: cada día más fuerte, más inteligente y más
salvaje.
巴克与众不同——他一天比一天强壮、聪明、凶猛。

Prosperó a pesar de las dificultades y creció hasta alcanzar el
nivel de los perros esquimales del norte.
他在艰苦中茁壮成长，最终成长为与北方哈士奇犬相
媲美的犬种。

Buck tenía fuerza, habilidad salvaje y un instinto paciente y
mortal.
巴克拥有力量、野性、耐心和致命的本能。

El hombre con el garrote había golpeado la temeridad de Buck.

那个手持棍棒的人把巴克打得不再鲁莽了。

La furia ciega desapareció y fue reemplazada por una astucia silenciosa y control.

盲目的愤怒消失了，取而代之的是安静的狡猾和控制。

Esperó, tranquilo y primario, observando el momento adecuado.

他平静而原始地等待着，等待着合适的时机。

Su lucha por el mando se hizo inevitable y clara.

他们争夺指挥权的斗争已变得不可避免且显而易见。

Buck deseaba el liderazgo porque su espíritu lo exigía.

巴克渴望成为领导者，因为他的精神需要它。

Lo impulsaba el extraño orgullo nacido del camino y del arnés.

他被源于小径和马具的奇特自豪感所驱使。

Ese orgullo hizo que los perros tiraran hasta caer sobre la nieve.

那种骄傲让狗一直拖着，直到倒在雪地上。

El orgullo los llevó a dar toda la fuerza que tenían.

骄傲引诱他们付出所有的力量。

El orgullo puede atraer a un perro de trineo incluso hasta el punto de la muerte.

骄傲甚至会引诱雪橇犬走向死亡。

La pérdida del arnés dejó a los perros rotos y sin propósito.

失去挽具会让狗变得残废，失去生存的意义。

El corazón de un perro de trineo puede quedar aplastado por la vergüenza cuando se retira.

当雪橇犬退役时，它的心可能会因羞愧而破碎。

Dave vivió con ese orgullo mientras arrastraba el trineo desde atrás.

戴夫在后面拖着雪橇，活出了那种自豪感。

Solleks también lo dio todo con fuerza y lealtad.

索莱克斯也以坚定的力量和忠诚奉献了自己的一切。

Cada mañana, el orgullo los transformaba de amargados a decididos.

每天早晨，骄傲都会让他们从痛苦变得坚定。

Empujaron todo el día y luego se quedaron en silencio al final del campamento.

他们奋力前进了一整天，然后安静地走到营地的尽头。

Ese orgullo le dio a Spitz la fuerza para poner a raya a los evasores.

正是这份骄傲让斯皮茨有力量打败那些逃避责任的人。

Spitz temía a Buck porque Buck tenía ese mismo orgullo profundo.

斯皮茨害怕巴克，因为巴克也怀有同样的深沉自尊。

El orgullo de Buck ahora se agitó contra Spitz, y no se detuvo.

巴克的自尊心现在对斯皮茨产生了反感，他没有停下来。

Buck desafió el poder de Spitz y le impidió castigar a los perros.

巴克违抗斯皮茨的权力并阻止他惩罚狗。

Cuando otros fallaron, Buck se interpuso entre ellos y su líder.

当其他人失败时，巴克便介入他们与他们的领袖之间。

Lo hizo con intención, dejando claro y abierto su desafío.

他有意这样做，使他的挑战变得公开而明确。

Una noche, una fuerte nevada cubrió el mundo con un profundo silencio.

一天晚上，大雪覆盖，世界陷入深深的寂静。

A la mañana siguiente, Pike, perezoso como siempre, no se levantó para ir a trabajar.

第二天早上，派克还是像往常一样懒惰，没有起床去上班。

Se quedó escondido en su nido bajo una gruesa capa de nieve.

他藏在厚厚的积雪下的巢穴里。

François gritó y buscó, pero no pudo encontrar al perro.

弗朗索瓦大声呼喊并四处寻找，但没能找到那只狗。

Spitz se puso furioso y atravesó furioso el campamento cubierto de nieve.

斯皮茨勃然大怒，冲进了白雪覆盖的营地。

Gruñó y olfateó, cavando frenéticamente con ojos llameantes.

他咆哮着，嗅着，眼睛闪着光，疯狂地挖掘着。

Su rabia era tan feroz que Pike tembló de miedo bajo la nieve.

他的愤怒是如此强烈，以至于派克吓得在雪下颤抖。

Cuando finalmente encontraron a Pike, Spitz se abalanzó sobre él para castigar al perro que estaba escondido.

当终于找到派克时，斯皮茨猛扑过去，惩罚这只躲藏的狗。

Pero Buck saltó entre ellos con una furia igual a la de Spitz.

但巴克突然冲到他们中间，其愤怒与斯皮茨不相上下。

El ataque fue tan repentino e inteligente que Spitz cayó al suelo.

这次攻击是如此突然和巧妙，以至于斯皮茨摔倒了。

Pike, que estaba temblando, se animó ante este desafío.

派克原本浑身颤抖，但这次反抗让他鼓起了勇气。

Saltó sobre el Spitz caído, siguiendo el audaz ejemplo de Buck.

他学着巴克的大胆举动，跳到了倒下的斯皮茨犬身上。

Buck, que ya no estaba obligado por la justicia, se unió a la huelga de Spitz.

巴克不再受公平的约束，加入了对斯皮茨的攻击。

François, divertido pero firme en su disciplina, blandió su pesado látigo.

弗朗索瓦感到很有趣，但仍然坚持纪律，挥舞着沉重的鞭子。

Golpeó a Buck con todas sus fuerzas para acabar con la pelea.
他用尽全力击打巴克，以阻止这场打斗。

Buck se negó a moverse y se quedó encima del líder caído.
巴克拒绝移动，留在倒下的领袖身上。

François entonces utilizó el mango del látigo y golpeó con fuerza a Buck.
然后弗朗索瓦用鞭子柄狠狠地抽了巴克。

Tambaleándose por el golpe, Buck cayó hacia atrás bajo el asalto.
巴克被击中后摇摇晃晃，在攻击下倒下了。

François golpeó una y otra vez mientras Spitz castigaba a Pike.
弗朗索瓦一次又一次发起攻击，而斯皮茨则惩罚派克。

Pasaron los días y Dawson City estaba cada vez más cerca.
日子一天天过去，道森城越来越近了。

Buck seguía interfiriendo, interponiéndose entre Spitz y otros perros.
巴克不断干扰，在斯皮茨和其他狗之间穿梭。

Elegía bien sus momentos, esperando siempre que François se marchase.
他选择时机很好，总是等待弗朗索瓦离开。

La rebelión silenciosa de Buck se extendió y el desorden se arraigó en el equipo.
巴克的静默反抗蔓延开来，队伍中陷入混乱。

Dave y Solleks se mantuvieron leales, pero otros se volvieron rebeldes.
戴夫和索莱克斯依然忠诚，但其他人却变得不守规矩。

El equipo empeoró: se volvió inquieto, pendenciero y fuera de lugar.

团队变得越来越糟糕——
焦躁不安、争吵不断、不守规矩。

Ya nada funcionaba con fluidez y las peleas se volvieron algo habitual.
一切都不再顺利，争斗变得频繁起来。

Buck permaneció en el corazón del problema, provocando siempre malestar.
巴克始终处于麻烦的中心，总是挑起动乱。

François se mantuvo alerta, temeroso de la pelea entre Buck y Spitz.
弗朗索瓦保持警惕，害怕巴克和斯皮茨之间的打斗。

Cada noche, las peleas lo despertaban, temiendo que finalmente llegara el comienzo.
每个晚上，打斗声都会把他吵醒，他担心战争的开始终于到来了。

Saltó de su túnica, dispuesto a detener la pelea.
他从长袍中跳起来，准备阻止这场争斗。

Pero el momento nunca llegó y finalmente llegaron a Dawson.
但这一刻并没有到来，他们最终到达了道森。

El equipo entró en la ciudad una tarde sombría, tensa y silenciosa.
一个阴冷的下午，队伍进入了小镇，气氛紧张而安静。

La gran batalla por el liderazgo todavía estaba suspendida en el aire.
争夺领导权的激烈斗争仍然悬而未决。

Dawson estaba lleno de hombres y perros de trineo, todos ocupados con el trabajo.
道森到处都是忙于工作的人们和雪橇犬。

Buck observó a los perros tirar cargas desde la mañana hasta la noche.
巴克从早到晚看着狗拉着货物。

Transportaban troncos y leña y transportaban suministros a las minas.

他们运送原木和木柴，将物资运送到矿井。

Donde antes trabajaban los caballos en las tierras del sur, ahora trabajaban los perros.

南方地区曾经靠马匹劳作，而现在则由狗来干活。

Buck vio algunos perros del sur, pero la mayoría eran huskies parecidos a lobos.

巴克看到了一些来自南方的狗，但大多数是像狼一样的哈士奇。

Por la noche, como un reloj, los perros alzaban sus voces cantando.

入夜后，就像时钟一样，狗儿们开始放声歌唱。

A las nueve, a las doce y de nuevo a las tres, empezó el canto.

九点、午夜、三点，歌声再次响起。

A Buck le encantaba unirse a su canto misterioso, de sonido salvaje y antiguo.

巴克喜欢加入他们那狂野而古老的怪诞吟唱。

La aurora llameó, las estrellas bailaron y la nieve cubrió la tierra.

极光闪耀，繁星闪烁，白雪覆盖大地。

El canto de los perros se elevó como un grito contra el silencio y el frío intenso.

狗的歌声响起，是对寂静和严寒的呐喊。

Pero su aullido contenía tristeza, no desafío, en cada larga nota.

但他们的嚎叫声中，每一个长音都带着悲伤，而不是反抗。

Cada grito lamentable estaba lleno de súplica: el peso de la vida misma.

每一声哀号都充满着恳求；充满着生命本身的重担。

Esa canción era vieja, más vieja que las ciudades y más vieja que los incendios.

这首歌很古老——比城镇更古老，比火更古老

Aquella canción era más antigua incluso que las voces de los hombres.

那首歌甚至比人类的声音还要古老。

Era una canción del mundo joven, cuando todas las canciones eran tristes.

这是一首来自年轻世界的歌曲，那时所有的歌曲都是悲伤的。

La canción transportaba el dolor de incontables generaciones de perros.

这首歌承载着无数代狗狗的悲伤。

Buck sintió la melodía profundamente, gimiendo por un dolor arraigado en los siglos.

巴克深深地感受着这旋律，因根植于岁月的痛苦而呻吟。

Sollozaba por un dolor tan antiguo como la sangre salvaje en sus venas.

他因悲伤而抽泣，这种悲伤就像他血管里狂野的血液一样古老。

El frío, la oscuridad y el misterio tocaron el alma de Buck.

寒冷、黑暗和神秘触动了巴克的灵魂。

Esa canción demostró hasta qué punto Buck había regresado a sus orígenes.

那首歌证明了巴克已经回归到他的本源有多远。

Entre la nieve y los aullidos había encontrado el comienzo de su propia vida.

在冰雪和嚎叫中，他找到了自己生命的起点。

Siete días después de llegar a Dawson, partieron nuevamente.

抵达道森七天后，他们再次出发。

El equipo descendió del cuartel hasta el sendero Yukon.

队伍从军营出发，前往育空小道。

Comenzaron el viaje de regreso hacia Dyea y Salt Water.

他们开始返回戴亚和盐水镇的旅程。

Perrault llevaba despachos aún más urgentes que antes.

佩罗传递的急件比以前更加紧急。

También se sintió dominado por el orgullo por el sendero y se propuso establecer un récord.

他也对越野跑感到自豪，并立志要创造一项纪录。

Esta vez, varias ventajas estaban del lado de Perrault.

这一次，佩罗一方占据了多项优势。

Los perros habían descansado durante una semana entera y recuperaron su fuerza.

狗狗们休息了整整一周，恢复了体力。

El camino que ellos habían abierto ahora estaba compactado por otros.

他们开辟出来的小路现在已被其他人踩踏殆尽。

En algunos lugares, la policía había almacenado comida tanto para perros como para hombres.

在一些地方，警察为狗和人储存了食物。

Perrault viajaba ligero, moviéndose rápido y con poco que lo pesara.

佩罗轻装出行，行动迅速，几乎没有什么负担。

Llegaron a Sixty-Mile, un recorrido de cincuenta millas, en la primera noche.

第一天晚上，他们就跑到了六十英里，也就是五十英里。

El segundo día, se apresuraron a subir por el Yukón hacia Pelly.

第二天，他们沿着育空河向佩利进发。

Pero estos grandes avances implicaron un gran esfuerzo para François.

但如此好的进步也给弗朗索瓦带来了很大的压力。

La rebelión silenciosa de Buck había destrozado la disciplina del equipo.

巴克的无声反抗破坏了球队的纪律。

Ya no tiraban juntos como una sola bestia bajo las riendas.

他们不再像一头野兽一样齐心协力。

Buck había llevado a otros al desafío mediante su valiente ejemplo.

巴克以他大胆的榜样带领其他人走向反抗。

La orden de Spitz ya no fue recibida con miedo ni respeto.

斯皮茨的命令不再受到恐惧或尊重。

Los demás perdieron el respeto que le tenían y se atrevieron a resistirse a su gobierno.

其他人不再敬畏他，并敢于反抗他的统治。

Una noche, Pike robó medio pescado y se lo comió bajo la mirada de Buck.

一天晚上，派克偷了半条鱼并在巴克的眼皮底下吃了它。

Otra noche, Dub y Joe pelearon contra Spitz y quedaron impunes.

另一天晚上，杜布和乔与斯皮茨打斗，但并未受到惩罚。

Incluso Billee se quejó con menos dulzura y mostró una nueva agudeza.

甚至连比莉的哀嚎也不再那么甜美，反而显得尖刻起来。

Buck le gruñó a Spitz cada vez que se cruzaban.

每次与斯皮茨相遇，巴克都会对它咆哮。

La actitud de Buck se volvió audaz y amenazante, casi como la de un matón.

巴克的态度变得大胆而具有威胁性，几乎就像一个恶霸。

Caminó delante de Spitz con arrogancia, lleno de amenaza burlona.

他大摇大摆地在斯皮茨面前踱步，眼神里充满了嘲讽和威胁。

Ese colapso del orden se extendió también entre los perros de trineo.

秩序的崩溃也蔓延到了雪橇犬之中。

Pelearon y discutieron más que nunca, llenando el campamento de ruido.

他们打架、争吵比以前更加频繁，营地里充满了噪音。

La vida en el campamento se convertía cada noche en un caos salvaje y aullante.

营地生活每晚都变得狂野、混乱。

Sólo Dave y Solleks permanecieron firmes y concentrados.
只有戴夫和索莱克斯保持稳定和专注。

Pero incluso ellos se enojaron por las peleas constantes.
但即使如此，他们也因不断的争吵而变得脾气暴躁。

François maldijo en lenguas extrañas y pisoteó con
frustración.
弗朗索瓦用奇怪的语言咒骂，并沮丧地跺脚。

Se tiró del pelo y gritó mientras la nieve volaba bajo sus
pies.
他一边扯着头发，一边大声喊叫，脚下雪花飞舞。

Su látigo azotó a la manada, pero apenas logró mantenerlos
bajo control.
他的鞭子抽打着马群，但几乎没有让它们保持队形。

Cada vez que él le daba la espalda, la lucha estallaba de
nuevo.
每当他转身，战斗就会再次爆发。

François utilizó el látigo para azotar a Spitz, mientras Buck
lideraba a los rebeldes.
弗朗索瓦用鞭子抽打斯皮茨，而巴克则领导叛军。

Cada uno conocía el papel del otro, pero Buck evitó
cualquier culpa.
每个人都知道对方的角色，但巴克避免承担任何责任
。

François nunca sorprendió a Buck iniciando una pelea o
eludiendo su trabajo.
弗朗索瓦从未发现巴克挑起打架或逃避工作。

Buck trabajó duro con el arnés; el trabajo ahora emocionaba
su espíritu.
巴克在马具上辛勤劳作——
现在，辛劳让他精神振奋。

Pero encontró aún más alegría al provocar peleas y caos en el
campamento.
但他发现在营地里挑起争斗和混乱更让他开心。

Una noche, en la desembocadura del Tahkeena, Dub asustó a un conejo.

一天晚上，在塔基纳（Tahkeena）的嘴边，杜布（Dub）惊吓到了一只兔子。

Falló el tiro y el conejo con raquetas de nieve saltó lejos.

他没能抓住雪鞋兔，而雪鞋兔也逃走了。

En cuestión de segundos, todo el equipo de trineo los persiguió con gritos salvajes.

几秒钟之内，整个雪橇队就发出狂野的叫喊声追了上去。

Cerca de allí, un campamento de la Policía del Noroeste albergaba cincuenta perros husky.

附近的西北警察营地里饲养了五十只哈士奇犬。

Se unieron a la caza y navegaron juntos por el río helado.

他们加入了狩猎，一起顺着冰冻的河流前进。

El conejo se desvió del río y huyó hacia el lecho congelado del arroyo.

兔子离开河流，沿着结冰的河床逃走。

El conejo saltaba suavemente sobre la nieve mientras los perros se abrían paso con dificultad.

兔子在雪地上轻轻跳跃，而狗则艰难地穿过雪地。

Buck lideró la enorme manada de sesenta perros en cada curva.

巴克带领着这群由六十条狗组成的庞大狗群绕过每一个弯道。

Avanzó lentamente y con entusiasmo, pero no pudo ganar terreno.

他低着头，急切地向前推进，但却无法取得进展。

Su cuerpo brillaba bajo la pálida luna con cada poderoso salto.

每一次有力的跳跃，他的身躯都在苍白的月光下闪动。

Más adelante, el conejo se movía como un fantasma, silencioso y demasiado rápido para atraparlo.

前方，兔子像幽灵一样移动，悄无声息，速度快得难以捕捉。

Todos esos viejos instintos —el hambre, la emoción— se apoderaron de Buck.

所有这些旧本能——饥饿、刺激——
都涌入巴克的心中。

Los humanos a veces sienten este instinto y se ven impulsados a cazar con armas de fuego y balas.

人类有时会感受到这种本能，驱使人们用枪和子弹去狩猎。

Pero Buck sintió este sentimiento a un nivel más profundo y personal.

但巴克在更深层次、更个人的层面上感受到了这种感觉。

No podían sentir lo salvaje en su sangre como Buck podía sentirlo.

他们无法像巴克那样感受到血液中的野性。

Persiguió carne viva, dispuesto a matar con los dientes y saborear la sangre.

他追逐活肉，准备用牙齿杀死并品尝鲜血。

Su cuerpo se tensó de alegría, queriendo bañarse en la cálida vida roja.

他的身体因喜悦而紧绷，想要沐浴在温暖的红色生命中。

Una extraña alegría marca el punto más alto que la vida puede alcanzar.

奇异的喜悦标志着生命所能达到的最高点。

La sensación de una cima donde los vivos olvidan que están vivos.

巅峰之感让活着的人忘记自己还活着。

Esta alegría profunda conmueve al artista perdido en una inspiración ardiente.

这种深深的喜悦，感动了沉浸在炽热灵感中的艺术家。

Esta alegría se apodera del soldado que lucha salvajemente y no perdona a ningún enemigo.

这种喜悦抓住了那些疯狂战斗、不放过任何敌人的士兵。

Esta alegría ahora se apoderó de Buck mientras lideraba la manada con hambre primaria.

这种快乐现在占据了巴克的心灵，因为他在原始饥饿中带领着狼群。

Aulló con el antiguo grito del lobo, emocionado por la persecución en vida.

他发出古老的狼嚎，为这场活生生的追逐而兴奋不已。

Buck recurrió a la parte más antigua de sí mismo, perdida en la naturaleza.

巴克挖掘出了自己最古老的部分，迷失在荒野之中。

Llegó a lo más profundo, más allá de la memoria, al tiempo crudo y antiguo.

他深入内心，回忆过去，进入原始的远古时代。

Una ola de vida pura recorrió cada músculo y tendón.

一股纯净的生命之波，涌遍全身肌肉和肌腱。

Cada salto gritaba que vivía, que avanzaba a través de la muerte.

他的每一次跳跃都宣告着他活着，他穿越了死亡。

Su cuerpo se elevaba alegremente sobre una tierra quieta y fría que nunca se movía.

他的身体欢快地飞越那片静止、冰冷、从未动静的土地。

Spitz se mantuvo frío y astuto, incluso en sus momentos más salvajes.

即使在最疯狂的时刻，斯皮茨也保持着冷静和狡猾。

Dejó el sendero y cruzó el terreno donde el arroyo se curvaba ampliamente.

他离开小路，穿过小溪弯曲的土地。

Buck, sin darse cuenta de esto, permaneció en el sinuoso camino del conejo.

巴克对此毫不知情，继续沿着兔子蜿蜒的小路走着。

Entonces, cuando Buck dobló una curva, el conejo fantasmal estaba frente a él.

然后，当巴克转过一个弯道时，那只幽灵般的兔子出现在他面前。

Vio una segunda figura saltar desde la orilla delante de la presa.

他看到第二个身影从河岸上跃起，跑到了猎物的前面。

La figura era Spitz, aterrizando justo en el camino del conejo que huía.

那个身影正是斯皮茨，它正好落在了逃跑的兔子的路径上。

El conejo no pudo girar y se encontró con las fauces de Spitz en el aire.

兔子无法转身，在半空中撞上了斯皮茨的下巴。

La columna vertebral del conejo se rompió con un chillido tan agudo como el grito de un humano moribundo.

兔子的脊椎断裂了，发出一声如同人类濒死哀嚎般的尖叫。

Ante ese sonido, la caída de la vida a la muerte, la manada aulló fuerte.

听到那声音——从生到死的坠落——
狼群发出了大声的嚎叫。

Un coro salvaje se elevó detrás de Buck, lleno de oscuro deleite.

巴克身后响起一阵狂野的合唱，充满阴暗的喜悦。

Buck no emitió ningún grito ni sonido y se lanzó directamente hacia Spitz.

巴克没有叫喊，没有发出任何声音，径直向斯皮茨冲去。

Apuntó a la garganta, pero en lugar de eso golpeó el hombro.

他瞄准的是喉咙，但却击中了肩膀。

Cayeron sobre la nieve blanda; sus cuerpos trabados en combate.

他们在柔软的雪地上翻滚；他们的身体扭打在一起。

Spitz se levantó rápidamente, como si nunca lo hubieran derribado.

斯皮茨迅速跳起，仿佛根本就没有被击倒过一样。

Cortó el hombro de Buck y luego saltó para alejarse de la pelea.

他砍伤了巴克的肩膀，然后跳开了战斗。

Sus dientes chasquearon dos veces como trampas de acero y sus labios se curvaron y fueron feroces.

他的牙齿像钢陷阱一样咬合了两次，嘴唇猛地卷起。

Retrocedió lentamente, buscando terreno firme bajo sus pies.

他慢慢地后退，寻找脚下坚实的地面。

Buck comprendió el momento instantánea y completamente.

巴克立刻就完全理解了这一刻。

Había llegado el momento; la lucha iba a ser una lucha a muerte.

时机已到，这场战斗将是一场你死我活的战斗。

Los dos perros daban vueltas, gruñendo, con las orejas planas y los ojos entrecerrados.

两只狗绕着圈子，咆哮着，耳朵放平，眼睛眯成一条缝。

Cada perro esperaba que el otro mostrara debilidad o un paso en falso.

每只狗都在等待另一只狗表现出软弱或失误。

Para Buck, la escena era inquietantemente conocida y recordada profundamente.

对于巴克来说，这个场景感觉异常熟悉，并且记忆深刻。

El bosque blanco, la tierra fría, la batalla bajo la luz de la luna.

白色的树林，冰冷的大地，月光下的战斗。

Un pesado silencio llenó la tierra, profundo y antinatural.

大地上弥漫着一种沉重的寂静，深沉而不自然。

Ningún viento se agitó, ninguna hoja se movió, ningún sonido rompió la quietud.

没有风吹拂，没有树叶摇动，没有任何声音打破寂静。

El aliento de los perros se elevaba como humo en el aire helado y silencioso.

狗的呼吸在冰冷、寂静的空气中像烟雾一样升起。

El conejo fue olvidado hace mucho tiempo por la manada de bestias salvajes.

这只兔子早已被野兽群遗忘了。

Estos lobos medio domesticados ahora permanecían quietos formando un amplio círculo.

这些半驯服的狼此刻站成一个大圆圈。

Estaban en silencio, sólo sus ojos brillantes revelaban su hambre.

它们安静下来，只有闪闪发光的眼睛透露出饥饿感。

Su respiración se elevó mientras observaban cómo comenzaba la pelea final.

他们的呼吸向上飘荡，看着最后的战斗开始。

Para Buck, esta batalla era vieja y esperada, nada extraña.

对于巴克来说，这场战斗早已习以为常，毫无陌生感。

Parecía el recuerdo de algo que siempre estuvo destinado a suceder.

这感觉就像是注定要发生的事情的记忆。

Spitz era un perro de pelea entrenado, perfeccionado por innumerables peleas salvajes.

斯皮茨是一只经过训练的斗犬，经过无数次野外斗殴的磨练。

Desde Spitzbergen hasta Canadá, había vencido a muchos enemigos.

从斯匹次卑尔根到加拿大，他战胜了许多敌人。

Estaba lleno de furia, pero nunca dejó controlar la rabia.

他心中充满愤怒，但却从不控制自己的愤怒。

Su pasión era aguda, pero siempre templada por un duro
instinto.

他的热情很强烈，但总是受到坚强本能的缓和。

Nunca atacó hasta que su propia defensa estuvo en su lugar.

在他自己的防御到位之前，他绝不会发起攻击。

Buck intentó una y otra vez alcanzar el vulnerable cuello de
Spitz.

巴克一次又一次地尝试去够斯皮茨脆弱的脖子。

Pero cada golpe era correspondido con un corte de los
afilados dientes de Spitz.

但每一次攻击都会被斯皮茨锋利的牙齿咬住。

Sus colmillos chocaron y ambos perros sangraron por los
labios desgarrados.

它们的尖牙相撞，两只狗的嘴唇都被撕裂，鲜血直流
。

No importaba cuánto se lanzara Buck, no podía romper la
defensa.

无论巴克如何猛扑，都无法突破防守。

Se puso más furioso y se abalanzó con salvajes ráfagas de
poder.

他越发愤怒，爆发出狂野的力量冲了进来。

Una y otra vez, Buck atacó la garganta blanca de Spitz.

巴克一次又一次地攻击斯皮茨的白色喉咙。

Cada vez que Spitz esquivaba el ataque, contraatacaba con
un mordisco cortante.

每次 Spitz 都会躲避并以猛烈的咬击进行反击。

Entonces Buck cambió de táctica y se abalanzó nuevamente
hacia la garganta.

然后巴克改变了策略，再次冲向喉咙。

Pero él retrocedió a mitad del ataque y se giró para atacar
desde un costado.

但他在进攻中途撤退，转身从侧面发起攻击。

Le lanzó el hombro a Spitz con la intención de derribarlo.

他用肩膀撞向斯皮茨，想将他击倒。

Cada vez que lo intentaba, Spitz lo esquivaba y contraatacaba con un corte.

每次他尝试，斯皮茨都会躲开并用砍刀反击。

El hombro de Buck se enrojeció cuando Spitz saltó después de cada golpe.

每次击中斯皮茨后，他都会跳起来，而巴克的肩膀则变得疼痛。

Spitz no había sido tocado, mientras que Buck sangraba por muchas heridas.

斯皮茨毫发无损，而巴克却多处受伤流血。

La respiración de Buck era rápida y pesada y su cuerpo estaba cubierto de sangre.

巴克的呼吸急促而沉重，他的身上沾满了鲜血。

La pelea se volvió más brutal con cada mordisco y embestida.

随着每一次咬伤和冲锋，战斗变得更加残酷。

A su alrededor, sesenta perros silenciosos esperaban que cayera el primero.

在它们周围，六十只狗静静地等待着第一只狗倒下。

Si un perro caía, la manada terminaría la pelea.

只要有一只狗倒下，整群狗就会结束这场战斗。

Spitz vio que Buck se estaba debilitando y comenzó a presionar para atacar.

斯皮茨看到巴克逐渐虚弱，便开始发起攻击。

Mantuvo a Buck fuera de equilibrio, obligándolo a luchar para mantener el equilibrio.

他让巴克失去平衡，迫使他奋力站立。

Una vez Buck tropezó y cayó, y todos los perros se levantaron.

有一次，巴克绊倒了，所有的狗都站了起来。

Pero Buck se enderezó a mitad de la caída y todos volvieron a caer.

但巴克在下落过程中恢复了平衡，所有人都再次沉了下去。

Buck tenía algo poco común: una imaginación nacida de un instinto profundo.

巴克拥有一种罕见的东西——
源于深层本能的想象力。

Peleó con impulso natural, pero también peleó con astucia.

他凭借天生的斗志战斗，但也凭借狡猾的手段战斗。

Cargó de nuevo como si repitiera su truco de ataque con el hombro.

他再次冲锋，仿佛在重复他的肩部攻击技巧。

Pero en el último segundo, se agachó y pasó por debajo de Spitz.

但在最后一秒，他俯冲下来并从斯皮茨下方掠过。

Sus dientes se clavaron en la pata delantera izquierda de Spitz con un chasquido.

他的牙齿猛地咬住了斯皮茨的左前腿。

Spitz ahora estaba inestable, con su peso sobre sólo tres patas.

斯皮茨现在站不稳，他的体重只靠三条腿支撑。

Buck atacó de nuevo e intentó derribarlo tres veces.

巴克再次发起攻击，三次试图将他击倒。

En el cuarto intento utilizó el mismo movimiento con éxito.

第四次尝试时，他使用同样的动作成功了

Esta vez Buck logró morder la pata derecha de Spitz.

这次巴克成功咬住了斯皮茨的右腿。

Spitz, aunque lisiado y en agonía, siguió luchando por sobrevivir.

斯皮茨虽然残疾且痛苦不堪，但仍在为生存而努力奋斗。

Vio que el círculo de huskies se estrechaba, con las lenguas afuera y los ojos brillantes.

他看到一群哈士奇围成一圈，舌头伸出，眼睛闪闪发光。

Esperaron para devorarlo, tal como habían hecho con los otros.

他们等着吞噬他，就像他们对其他人所做的那样。

Esta vez, él estaba en el centro; derrotado y condenado.

这一次，他站在了中心，失败了，注定要失败。

Ya no había opción de escapar para el perro blanco.

白狗现在已经没有逃跑的选择。

Buck no mostró piedad, porque la piedad no pertenecía a la naturaleza.

巴克毫不留情，因为野性中不存在怜悯。

Buck se movió con cuidado, preparándose para la carga final.

巴克小心翼翼地移动，准备发起最后的冲锋。

El círculo de perros esquimales se cerró; sintió sus respiraciones cálidas.

哈士奇们围成一圈，他感觉到它们温暖的呼吸。

Se agacharon, preparados para saltar cuando llegara el momento.

他们蹲下身子，准备在时机成熟时跳起。

Spitz temblaba en la nieve, gruñendo y cambiando su postura.

斯皮茨在雪地里颤抖着，咆哮着，不断改变着姿势。

Sus ojos brillaban, sus labios se curvaron y sus dientes brillaron en una amenaza desesperada.

他双眼怒视，嘴唇撇着，露出牙齿，露出绝望的威胁表情。

Se tambaleó, todavía intentando contener el frío mordisco de la muerte.

他踉跄着，仍然试图抵挡死亡的冰冷咬咬。

Ya había visto esto antes, pero siempre desde el lado ganador.

他以前也见过这种情况，但总是从胜利者的角度看。

Ahora estaba en el bando perdedor; el derrotado; la presa; la muerte.

现在他站在了失败的一方；被击败的一方；猎物；死亡的一方。

Buck voló en círculos para asestar el golpe final, mientras el círculo de perros se acercaba cada vez más.

巴克绕圈准备发动最后一击，而狗群则围得更紧了。

Podía sentir sus respiraciones calientes; listas para matar.

他能感觉到他们灼热的呼吸；准备杀戮。

Se hizo un silencio absoluto, todo estaba en su lugar, el tiempo se había detenido.

一切都安静下来；一切都恢复了原状；时间停止了。

Incluso el aire frío entre ellos se congeló por un último momento.

就连两人之间冰冷的空气，也在最后一刻凝固了。

Sólo Spitz se movió, intentando contener su amargo final.

只有斯皮茨还在动，试图阻止自己走向痛苦的结局。

El círculo de perros se iba cerrando a su alrededor, tal como era su destino.

一群狗正在向他逼近，他的命运也随之终结。

Ahora estaba desesperado, sabiendo lo que estaba a punto de suceder.

他现在很绝望，知道即将发生什么。

Buck saltó y hombro con hombro chocó una última vez.

巴克跳了进来，最后一次肩膀碰了碰。

Los perros se lanzaron hacia adelante, cubriendo a Spitz en la oscuridad nevada.

狗群猛扑上前，将斯皮茨笼罩在雪白的黑暗之中。

Buck observaba, erguido, vencedor en un mundo salvaje.

巴克昂首挺胸地注视着这一切；他是野蛮世界中的胜利者。

La bestia primordial dominante había cometido su asesinato, y fue bueno.

占主导地位的原始野兽已经杀死了猎物，这很好。

Aquel que ha alcanzado la maestría
他，赢得了大师的地位

¿Eh? ¿Qué dije? Digo la verdad cuando digo que Buck es un demonio.

"呃？我说什么了？我说巴克是个魔鬼，这话可是对的。"

François dijo esto a la mañana siguiente después de descubrir que Spitz había desaparecido.

第二天早上，弗朗索瓦发现斯皮茨失踪后说了这句话。

Buck permaneció allí, cubierto de heridas por la feroz pelea.

巴克站在那里，浑身是激烈打斗造成的伤口。

François acercó a Buck al fuego y señaló las heridas.

弗朗索瓦把巴克拉到火堆旁，指着伤口。

"Ese Spitz peleó como Devik", dijo Perrault, mirando los profundos cortes.

"那只斯皮茨的战斗力就像德维克一样，"佩罗看着深深的伤口说道。

—Y ese Buck peleó como dos demonios —respondió François inmediatamente.

"巴克打起来就像两个魔鬼一样，"弗朗索瓦立刻回答道。

"Ahora iremos a buen ritmo; no más Spitz, no más problemas".

"现在我们可以顺利度过，不再有斯皮茨，不再有麻烦了。"

Perrault estaba empacando el equipo y cargando el trineo con cuidado.

佩罗正在打包装备并小心翼翼地装载雪橇。

François enjaezó a los perros para prepararlos para la carrera del día.

弗朗索瓦给狗套上挽具，为一天的奔跑做准备。

Buck trotó directamente a la posición de liderazgo que alguna vez ocupó Spitz.

巴克径直小跑到斯皮茨曾经占据的领先位置。

Pero François, sin darse cuenta, condujo a Solleks hacia el frente.

但弗朗索瓦没有注意到，带领索莱克斯走向了前线。

A juicio de François, Solleks era ahora el mejor perro guía.

在弗朗索瓦看来，索莱克斯现在是最好的领头犬。

Buck se abalanzó furioso sobre Solleks y lo hizo retroceder en protesta.

巴克愤怒地向索莱克斯扑去，并把他赶了回去以示抗议。

Se situó en el mismo lugar que una vez estuvo Spitz, ocupando la posición de liderazgo.

他站在斯皮茨曾经站过的地方，占据领先位置。

—¿Eh? ¿Eh? —gritó François, dándose palmadas en los muslos, divertido.

"啊？啊？"弗朗索瓦叫道，高兴地拍着大腿。

—Mira a Buck. Mató a Spitz y ahora quiere aceptar el trabajo.

"看看巴克——
他杀了斯皮茨，现在他想接手这份工作！"

—¡Vete, Chook! —gritó, intentando ahuyentar a Buck.

"走开，Chook！"他大喊，试图把巴克赶走。

Pero Buck se negó a moverse y se mantuvo firme en la nieve.

但巴克拒绝移动，坚定地站在雪地里。

François agarró a Buck por la nuca y lo arrastró a un lado.

弗朗索瓦抓住巴克的颈背，把他拖到一边。

Buck gruñó bajo y amenazante, pero no atacó.

巴克低声发出威胁性的咆哮声，但并没有发起攻击。

François puso a Solleks de nuevo en cabeza, intentando resolver la disputa.

弗朗索瓦让索莱克斯重新领先，试图解决争端

El perro viejo mostró miedo de Buck y no quería quedarse.

老狗对巴克表现出恐惧，不想留下来。

Cuando François le dio la espalda, Buck expulsó nuevamente a Solleks.

当弗朗索瓦转身时，巴克再次把索莱克斯赶了出去。

Solleks no se resistió y se hizo a un lado silenciosamente una vez más.

索莱克斯没有反抗，再次悄悄地走到了一边。

François se enojó y gritó: "¡Por Dios, te arreglo!"

弗朗索瓦非常生气，大声喊道："上帝啊，我要解决掉你！"

Se acercó a Buck sosteniendo un pesado garrote en su mano.

他手里拿着一根沉重的棍棒向巴克走来。

Buck recordaba bien al hombre del suéter rojo.

巴克清楚地记得那个穿红毛衣的男人。

Se retiró lentamente, observando a François, pero gruñendo profundamente.

他慢慢地后退，注视着弗朗索瓦，但发出低沉的咆哮声。

No se apresuró a regresar, incluso cuando Solleks ocupó su lugar.

即使索莱克斯站在他的位置上，他也没有急忙后退。

Buck voló en círculos fuera de su alcance, gruñendo con furia y protesta.

巴克在它够不着的地方绕了一圈，愤怒地咆哮着表示抗议。

Mantuvo la vista fija en el palo, dispuesto a esquivarlo si François lanzaba.

他一直盯着球杆，准备在弗朗索瓦扔球时躲避。

Se había vuelto sabio y cauteloso en cuanto a las costumbres de los hombres con armas.

他已经变得聪明并且对持有武器的人的行为更加谨慎。

François se dio por vencido y llamó a Buck nuevamente a su antiguo lugar.

弗朗索瓦放弃了，再次把巴克叫到原来的地方。

Pero Buck retrocedió con cautela, negándose a obedecer la orden.

但巴克小心翼翼地后退，拒绝服从命令。

François lo siguió, pero Buck sólo retrocedió unos pasos más.

弗朗索瓦跟了上去，但巴克只是后退了几步。

Después de un tiempo, François arrojó el arma al suelo, frustrado.

过了一会儿，弗朗索瓦沮丧地扔掉了武器。

Pensó que Buck tenía miedo de que le dieran una paliza y que iba a venir sin hacer mucho ruido.

他以为巴克害怕挨打，所以会悄悄地走过去。

Pero Buck no estaba evitando el castigo: estaba luchando por su rango.

但巴克并没有逃避惩罚——他是在为地位而战。

Se había ganado el puesto de perro líder mediante una pelea a muerte.

他通过一场殊死搏斗赢得了领头狗的位置

No iba a conformarse con nada menos que ser el líder.

他不会满足于成为领导者以外的任何角色。

Perrault participó en la persecución para ayudar a atrapar al rebelde Buck.

佩罗参与了追捕，帮助抓住了叛逆的巴克。

Juntos lo hicieron correr alrededor del campamento durante casi una hora.

他们一起带着他在营地里跑了将近一个小时。

Le lanzaron garrotes, pero Buck los esquivó hábilmente.

他们向他扔棍棒，但巴克巧妙地躲开了每一个棍棒。

Lo maldijeron a él, a sus padres, a sus descendientes y a cada cabello que tenía.

他们咒骂他、咒骂他的祖先、咒骂他的后代、咒骂他身上的每一根头发。

Pero Buck sólo gruñó y se quedó fuera de su alcance.

但巴克只是咆哮着回应，并待在他们够不着的地方。

Nunca intentó huir, sino que rodeó el campamento deliberadamente.

他从未试图逃跑，而是故意绕着营地转。

Dejó claro que obedecería una vez que le dieran lo que quería.

他明确表示，一旦他们满足了他的要求，他就会服从。

François finalmente se sentó y se rascó la cabeza con frustración.

弗朗索瓦终于坐下来，沮丧地挠了挠头。

Perrault miró su reloj, maldijo y murmuró algo sobre el tiempo perdido.

佩罗看了看手表，咒骂着，嘟囔着浪费了时间。

Ya había pasado una hora cuando debían estar en el sendero.

本来应该上路的他们，现在已经过去了一个小时了。

François se encogió de hombros tímidamente y miró al mensajero, quien suspiró derrotado.

弗朗索瓦不好意思地对信使耸了耸肩，信使无奈地叹了口气。

Entonces François se acercó a Solleks y llamó a Buck una vez más.

然后弗朗索瓦走到索莱克斯身边，再次呼唤巴克。

Buck se rió como se ríe un perro, pero mantuvo una distancia cautelosa.

巴克像狗一样笑，但仍然保持着谨慎的距离。

François le quitó el arnés a Solleks y lo devolvió a su lugar.

弗朗索瓦解下了索莱克斯的安全带，并将他放回原位。

El equipo de trineo estaba completamente arneses y solo había un lugar libre.

雪橇队已全部装备完毕，只有一个位置空着。

La posición de liderazgo quedó vacía, claramente destinada solo para Buck.

领先位置仍然空着，显然是留给巴克一个人的。

François volvió a llamar, y nuevamente Buck rió y se
mantuvo firme.

弗朗索瓦再次叫道，巴克再次大笑并坚守阵地。

—Tira el garrote —ordenó Perrault sin dudarlo.

"把棍棒扔下去。"佩罗毫不犹豫地命令道。

François obedeció y Buck inmediatamente trotó hacia
adelante orgulloso.

弗朗索瓦服从了，巴克立即骄傲地向前小跑。

Se rió triunfante y asumió la posición de líder.

他得意地大笑起来，走上领头的位置。

François aseguró sus correajes y el trineo se soltó.

弗朗索瓦固定住了牵引绳，雪橇松开了。

Ambos hombres corrieron al lado del equipo mientras
corrían hacia el sendero del río.

当队伍冲向河边小道时，两人都并肩奔跑。

François tenía en alta estima a los "dos demonios" de Buck.

弗朗索瓦对巴克的"两个魔鬼"评价很高，

Pero pronto se dio cuenta de que en realidad había
subestimado al perro.

但他很快意识到自己其实低估了这只狗。

Buck asumió rápidamente el liderazgo y trabajó con
excelencia.

巴克很快就承担起了领导责任，并表现出色。

En juicio, pensamiento rápido y acción veloz, Buck superó a
Spitz.

在判断力、敏捷思维和快速行动方面，巴克超越了斯
皮茨。

François nunca había visto un perro igual al que Buck
mostraba ahora.

弗朗索瓦从来没有见过一只狗能像巴克现在表现的那
样。

Pero Buck realmente sobresalía en imponer el orden e
imponer respeto.

但巴克在维持秩序和赢得尊重方面确实表现出色。

Dave y Solleks aceptaron el cambio sin preocupación ni protesta.

戴夫和索莱克斯毫无顾虑或抗议地接受了这一改变。

Se concentraron únicamente en el trabajo y en tirar con fuerza de las riendas.

他们只专注于工作并全力以赴。

A ellos les importaba poco quién iba delante, siempre y cuando el trineo siguiera moviéndose.

他们并不关心谁领先，只要雪橇能够继续前进就行。

Billee, la alegre, podría haber liderado todo lo que a ellos les importaba.

比莉，性格开朗，本来可以担任领导，至于他们关心的是什么，那就由她来吧。

Lo que les importaba era la paz y el orden en las filas.

对他们来说，重要的是军队的和平与秩序。

El resto del equipo se había vuelto rebelde durante la decadencia de Spitz.

在斯皮茨状态下滑期间，球队的其他成员也变得难以管教。

Se sorprendieron cuando Buck inmediatamente los puso en orden.

当巴克立即让他们安静下来时，他们震惊了。

Pike siempre había sido perezoso y arrastraba los pies detrás de Buck.

派克总是很懒，总是跟在巴克后面。

Pero ahora el nuevo liderazgo lo ha disciplinado severamente.

但现在却受到了新领导层的严厉惩戒。

Y rápidamente aprendió a aportar su granito de arena en el equipo.

他很快就学会了在团队中发挥自己的作用。

Al final del día, Pike trabajó más duro que nunca.

到了这一天结束时，派克比以前更加努力地工作。

Esa noche en el campamento, Joe, el perro amargado, finalmente fue sometido.

那天晚上在营地里，乔这只脾气暴躁的狗终于被制服了。

Spitz no logró disciplinarlo, pero Buck no falló.

斯皮茨未能管教好他，但巴克并没有失败。

Utilizando su mayor peso, Buck superó a Joe en segundos.

巴克利用自己更强大的体重，在几秒钟内就制服了乔。

Mordió y golpeó a Joe hasta que gimió y dejó de resistirse.

他不断咬乔，殴打他，直到乔呜咽一声并停止反抗。

Todo el equipo mejoró a partir de ese momento.

从那一刻起，整个团队都进步了。

Los perros recuperaron su antigua unidad y disciplina.

狗又恢复了往日的团结和纪律。

En Rink Rapids, se unieron dos nuevos huskies nativos, Teek y Koona.

在 Rink Rapids，两只新的本地哈士奇犬 Teek 和 Koona 加入了我们。

El rápido entrenamiento que Buck les dio sorprendió incluso a François.

巴克对它们的快速训练甚至让弗朗索瓦感到惊讶。

"¡Nunca hubo un perro como ese Buck!" gritó con asombro.

"从来没有过像巴克这样的狗！"他惊讶地喊道。

¡No, jamás! ¡Vale mil dólares, por Dios!

"不，绝对不！他值一千美元，我的天哪！"

—¿Eh? ¿Qué dices, Perrault? —preguntó con orgullo.

"嗯？你说什么，佩罗？"他骄傲地问道。

Perrault asintió en señal de acuerdo y revisó sus notas.

佩罗点头表示同意，并查看了他的笔记。

Ya vamos por delante del cronograma y ganamos más cada día.

我们已经提前完成了计划，并且每天都有收获。

El sendero estaba duro y liso, sin nieve fresca.

小路坚硬而平坦，没有新雪。

El frío era constante, rondando los cincuenta grados bajo cero durante todo el tiempo.

天气持续寒冷，气温始终徘徊在零下五十度左右。

Los hombres cabalgaban y corrían por turnos para entrar en calor y ganar tiempo.

男人们轮流骑马和跑步以保持温暖并节省时间。

Los perros corrían rápido, con pocas paradas y siempre avanzando.

狗跑得很快，很少停下来，一直向前跑。

El río Thirty Mile estaba casi congelado y era fácil cruzarlo.

三十英里河大部分已结冰，通行十分方便。

Salieron en un día lo que habían tardado diez días en llegar.

他们用一天的时间就完成了十天前才完成的工作。

Hicieron una carrera de sesenta millas desde el lago Le Barge hasta White Horse.

他们从勒巴日湖 (Lake Le Barge) 出发，奔跑了 60 英里到达白马湖 (White Horse)。

A través de los lagos Marsh, Tagish y Bennett se movieron increíblemente rápido.

它们以惊人的速度穿越马什湖、塔吉什湖和贝内特湖。

El hombre corriendo remolcado detrás del trineo por una cuerda.

奔跑的人被一根绳子拖在雪橇后面。

En la última noche de la segunda semana llegaron a su destino.

第二周的最后一晚，他们到达了目的地。

Habían llegado juntos a la cima del Paso Blanco.

他们一起到达了白山口的顶峰。

Descendieron al nivel del mar con las luces de Skaguay debajo de ellos.

他们下降到海平面，斯卡圭的灯光在他们下方。

Había sido una carrera que estableció un récord a través de kilómetros de desierto frío.

这是一次穿越数英里寒冷荒野的创纪录的奔跑。

Durante catorce días seguidos, recorrieron un promedio de cuarenta millas.

连续十四天，他们平均行走四十英里。

En Skaguay, Perrault y François transportaban mercancías por la ciudad.

在斯卡圭，佩罗和弗朗索瓦将货物运送到镇上。

Fueron aplaudidos y la multitud admirada les ofreció muchas bebidas.

崇拜的人群为他们欢呼，并为他们提供了很多饮料。

Los cazadores de perros y los trabajadores se reunieron alrededor del famoso equipo de perros.

缉毒人员和工作人员聚集在这支著名的狗队周围。

Luego, los forajidos del oeste llegaron a la ciudad y sufrieron una derrota violenta.

随后西方歹徒来到该镇并遭到惨败。

La gente pronto se olvidó del equipo y se centró en un nuevo drama.

人们很快就忘记了这支球队，而把注意力集中在新的戏剧上。

Luego vinieron las nuevas órdenes que cambiaron todo de golpe.

随后，新的命令下达，一切都立刻发生了改变。

François llamó a Buck y lo abrazó con orgullo entre lágrimas.

弗朗索瓦把巴克叫到身边，满含泪水，自豪地拥抱了他。

Ese momento fue la última vez que Buck volvió a ver a François.

那一刻是巴克最后一次见到弗朗索瓦。

Como muchos hombres antes, tanto François como Perrault se habían ido.

和之前的许多人一样，弗朗索瓦和佩罗都去世了。

Un mestizo escocés se hizo cargo de Buck y sus compañeros de equipo de perros de trineo.

一名苏格兰混血儿负责照顾巴克和他的雪橇犬队友。

Con una docena de otros equipos de perros, regresaron por el sendero hasta Dawson.

他们与其他十几支狗队一起沿着小路返回道森。

Ya no era una carrera rápida, solo un trabajo duro con una carga pesada cada día.

现在不再是快速奔跑，而是每天辛苦劳作、负重前行。

Éste era el tren correo que llevaba noticias a los buscadores de oro cerca del Polo.

这是邮政列车，为北极附近的淘金者带来消息。

A Buck no le gustaba el trabajo, pero lo soportaba bien y se enorgullecía de su esfuerzo.

巴克不喜欢这项工作，但他很好地忍受了下来，并为他的努力感到自豪。

Al igual que Dave y Solleks, Buck mostró devoción por cada tarea diaria.

和戴夫和索莱克斯一样，巴克对每一项日常任务都表现出极大的热情。

Se aseguró de que cada uno de sus compañeros hiciera su parte.

他确保每个队友都尽到自己的责任。

La vida en el sendero se volvió aburrida, repetida con la precisión de una máquina.

小径生活变得枯燥乏味，像机器一样精确地重复着。

Cada día parecía igual, una mañana se fundía con la siguiente.

每天的感觉都一样，一个早晨与下一个早晨融为一体。

A la misma hora, los cocineros se levantaron para hacer fogatas y preparar la comida.

同一时间，厨师们起床生火准备食物。

Después del desayuno, algunos abandonaron el campamento mientras otros enjaezaron los perros.

早餐后，一些人离开营地，另一些人给狗牵上挽具。

Se pusieron en marcha antes de que la tenue señal del amanecer tocara el cielo.

在黎明的微弱曙光尚未出现之前，他们就踏上了旅程。

Por la noche se detenían para acampar, cada hombre con una tarea determinada.

入夜后，他们停下来扎营，每个人都肩负着固定的职责。

Algunos montaron tiendas de campaña, otros cortaron leña y recogieron ramas de pino.

一些人搭起帐篷，其他人砍柴并收集松枝。

Se llevaba agua o hielo a los cocineros para la cena.

水或冰被带回给厨师，供他们做晚餐。

Los perros fueron alimentados y esta fue la mejor parte del día para ellos.

狗狗们吃饱了，这是它们一天中最美好的时光。

Después de comer pescado, los perros se relajaron y descansaron cerca del fuego.

吃完鱼后，狗狗们就在火堆旁放松休息。

Había otros cien perros en el convoy con los que mezclarse.

车队中还有一百只狗可以混在一起。

Muchos de esos perros eran feroces y rápidos para pelear sin previo aviso.

许多狗都很凶猛，而且会毫无预警地打架。

Pero después de tres victorias, Buck dominó incluso a los luchadores más feroces.

但在三次胜利之后，巴克甚至战胜了最凶猛的战士。

Cuando Buck gruñó y mostró los dientes, se hicieron a un lado.

现在，当巴克咆哮并露出牙齿时，他们就闪到一边。

Quizás lo mejor de todo es que a Buck le encantaba tumbarse cerca de la fogata parpadeante.

也许最重要的是，巴克喜欢躺在摇曳的篝火旁。

Se agachó con las patas traseras dobladas y las patas delanteras estiradas hacia adelante.

他蹲下，后腿蜷缩，前腿向前伸直。

Levantó la cabeza mientras parpadeaba suavemente ante las llamas brillantes.

他抬起头，对着炽热的火焰轻轻眨了眨眼。

A veces recordaba la gran casa del juez Miller en Santa Clara.

有时他会回忆起米勒法官在圣克拉拉的大房子。

Pensó en la piscina de cemento, en Ysabel y en el pug llamado Toots.

他想起了水泥池、伊莎贝尔和那只名叫图茨的哈巴狗。

Pero más a menudo recordaba el garrote del hombre del suéter rojo.

但他更多时候想起的是那个穿红毛衣的男人的棍棒。

Recordó la muerte de Curly y su feroz batalla con Spitz.

他记得卷毛的死，以及他与斯皮茨的激烈战斗。

También recordó la buena comida que había comido o con la que aún soñaba.

他还回忆起曾经吃过或至今仍梦想着的美食。

Buck no sentía nostalgia: el cálido valle era distante e irreal.

巴克并不想家——温暖的山谷遥远而不真实。

Los recuerdos de California ya no ejercían ninguna atracción sobre él.

加利福尼亚的记忆对他不再有任何真正的吸引力。

Más fuertes que la memoria eran los instintos profundos en su linaje.

比记忆更强大的是他血液深处的本能。

Los hábitos que una vez se habían perdido habían regresado, revividos por el camino y la naturaleza.

曾经失去的习惯又回来了，在小路和荒野中重新焕发活力。

Mientras Buck observaba la luz del fuego, a veces se convertía en otra cosa.

当巴克注视着火光时，它有时会变成别的东西。

Vio a la luz del fuego otro fuego, más antiguo y más profundo que el actual.

他在火光中看到了另一团火，比现在的火更古老、更深沉。

Junto a ese otro fuego se agazapaba un hombre que no se parecía en nada al cocinero mestizo.

在那堆火旁边蹲着一个男人，与那个混血厨师不同。

Esta figura tenía piernas cortas, brazos largos y músculos duros y anudados.

这个人的腿很短，手臂很长，肌肉坚硬而紧绷。

Su cabello era largo y enmarañado, y caía hacia atrás desde los ojos.

他的头发又长又乱，从眼睛处向后倾斜。

Hizo ruidos extraños y miró con miedo hacia la oscuridad.

他发出奇怪的声音并恐惧地盯着黑暗。

Sostenía agachado un garrote de piedra, firmemente agarrado con su mano larga y áspera.

他低手握着一根石棒，用他那只粗糙的长手紧紧地握着。

El hombre vestía poco: sólo una piel carbonizada que le colgaba por la espalda.

这个人穿得很少；只有一层烧焦的皮肤垂在背上。

Su cuerpo estaba cubierto de espeso vello en los brazos, el pecho y los muslos.

他的手臂、胸部和大腿上长满了浓密的毛发。

Algunas partes del cabello estaban enredadas en parches de pelaje áspero.

有些部分的毛发缠结成一片片粗糙的毛皮。

No se mantenía erguido, sino inclinado hacia delante desde las caderas hasta las rodillas.

他没有站直，而是从臀部到膝盖向前弯曲。

Sus pasos eran elásticos y felinos, como si estuviera siempre dispuesto a saltar.

他的步伐轻快，像猫一样，仿佛随时准备跳跃。

Había un estado de alerta agudo, como si viviera con miedo constante.

他高度警惕，仿佛生活在持续的恐惧之中。

Este hombre anciano parecía esperar el peligro, ya sea que lo viera o no.

这位老人似乎预料到了危险，无论是否看到了危险。

A veces, el hombre peludo dormía junto al fuego, con la cabeza metida entre las piernas.

有时，这个毛茸茸的男人会睡在火堆旁，头埋在两腿之间。

Sus codos descansaban sobre sus rodillas, sus manos entrelazadas sobre su cabeza.

他的手肘放在膝盖上，双手交叉放在头顶。

Como un perro, usó sus brazos peludos para protegerse de la lluvia que caía.

他像狗一样用毛茸茸的手臂甩掉落下的雨水。

Más allá de la luz del fuego, Buck vio dos brasas brillando en la oscuridad.

在火光的远处，巴克看到两块煤在黑暗中闪闪发光。

Siempre de dos en dos, eran los ojos de las bestias rapaces al acecho.

它们总是成双成对，就像潜行的猛兽的眼睛。

Escuchó cuerpos chocando contra la maleza y ruidos en la noche.

他听到了尸体撞破灌木丛的声音和夜晚发出的声音。

Acostado en la orilla del Yukón, parpadeando, Buck soñaba junto al fuego.

巴克躺在育空河岸上，眨着眼睛，在火堆旁做着梦。

Las vistas y los sonidos de ese mundo salvaje le ponían los pelos de punta.

那个狂野世界的景象和声音让他毛骨悚然。

El pelaje se le subió por la espalda, los hombros y el cuello.

毛发沿着他的背部、肩膀和脖子向上生长。

Él gimió suavemente o emitió un gruñido bajo y profundo en su pecho.

他轻轻地呜咽着，或者从胸腔深处发出低沉的咆哮声。

Entonces el cocinero mestizo gritó: "¡Oye, Buck, despierta!"
这时，混血厨师喊道："嘿，巴克，你醒醒！"

El mundo de los sueños desapareció y la vida real regresó a los ojos de Buck.
梦境消失了，现实生活又回到了巴克的眼前。

Iba a levantarse, estirarse y bostezar, como si acabara de despertar de una siesta.
他要起身、伸伸懒腰、打个哈欠，就像刚从午睡中醒来一样。

El viaje fue duro, con el trineo del correo arrastrándose detrás de ellos.
这次旅行非常艰难，因为后面拖着邮件雪橇。

Las cargas pesadas y el trabajo duro agotaban a los perros cada largo día.
每天漫长的时光里，沉重的负担和艰苦的工作让狗精疲力竭。

Llegaron a Dawson delgados, cansados y necesitando más de una semana de descanso.
他们到达道森时已经又瘦又累，需要休息一个多星期。

Pero sólo dos días después, emprendieron nuevamente el descenso por el Yukón.
但仅仅两天后，他们就再次踏上了育空河之旅。

Estaban cargados con más cartas destinadas al mundo exterior.
船上装载着更多发往外界的信件。

Los perros estaban exhaustos y los hombres se quejaban constantemente.
狗已经筋疲力尽，而男人们也不断抱怨。

La nieve caía todos los días, suavizando el camino y ralentizando los trineos.
每天都会下雪，导致雪道变软，雪橇的速度变慢。

Esto provocó que el tirón fuera más difícil y hubo más resistencia para los corredores.

这使得拉动变得更加困难，并且对跑步者的阻力也更大。

A pesar de eso, los pilotos fueron justos y se preocuparon por sus equipos.

尽管如此，车手们还是很公平并且关心他们的车队。

Cada noche, los perros eran alimentados antes de que los hombres pudieran comer.

每天晚上，狗都会在男人们吃饭之前先吃饱。

Ningún hombre duerme sin antes revisar las patas de su propio perro.

没有人会在睡觉前检查自己狗的脚。

Aún así, los perros se fueron debilitando a medida que los kilómetros iban desgastando sus cuerpos.

然而，随着长途跋涉，狗的身体变得越来越虚弱。

Habían viajado mil ochocientas millas durante el invierno.

整个冬天他们已经旅行了一千八百英里。

Tiraron de trineos a lo largo de cada milla de esa brutal distancia.

他们拉着雪橇走过那段残酷的距离的每一英里。

Incluso los perros de trineo más resistentes sienten tensión después de tantos kilómetros.

即使是最强壮的雪橇犬，在跑了这么长的距离之后也会感到疲惫。

Buck aguantó, mantuvo a su equipo trabajando y mantuvo la disciplina.

巴克坚持了下来，让团队继续工作，并保持纪律。

Pero Buck estaba cansado, al igual que los demás en el largo viaje.

但是巴克很累，就像其他长途旅行的人一样。

Billee gemía y lloraba mientras dormía todas las noches sin falta.

比利每晚都会在睡梦中呜咽哭泣。

Joe se volvió aún más amargado y Solleks se mantuvo frío y distante.

乔变得更加痛苦，而索莱克斯则变得冷漠而疏远。

Pero fue Dave quien sufrió más de todo el equipo.

但在整个团队中，戴夫的受害最为严重。

Algo había ido mal dentro de él, aunque nadie sabía qué.

他内心出了问题，但没人知道是什么。

Se volvió más malhumorado y les gritaba a los demás con creciente enojo.

他变得越来越喜怒无常，并且越来越愤怒地对别人厉声斥责。

Cada noche iba directo a su nido, esperando ser alimentado.

每天晚上，他都会直接回到自己的巢穴，等待喂食。

Una vez que cayó, Dave no se levantó hasta la mañana.

倒下之后，戴夫直到早上才再次起床。

En las riendas, tirones o arranques repentinos le hacían gritar de dolor.

缰绳突然猛地一拉或一震，就会让他痛得大叫。

Su conductor buscó la causa, pero no encontró heridos.

他的司机寻找事故原因，但未发现他受伤。

Todos los conductores comenzaron a observar a Dave y discutieron su caso.

所有司机都开始关注戴夫并讨论他的情况。

Hablaron durante las comidas y durante el último cigarrillo del día.

他们在吃饭时和一天中最后抽烟时聊天。

Una noche tuvieron una reunión y llevaron a Dave al fuego.

一天晚上，他们开了个会，并把戴夫带到了火堆旁。

Le apretaron y le palparon el cuerpo, y él gritaba a menudo.

他们按压、检查他的身体，他经常哭喊。

Estaba claro que algo iba mal, aunque no parecía haber ningún hueso roto.

显然，有些地方出了问题，尽管骨头似乎没有断裂。

Cuando llegaron a Cassiar Bar, Dave se estaba cayendo.

当他们到达卡西亚酒吧时，戴夫已经倒下了。

El mestizo escocés pidió un alto y eliminó a Dave del equipo.

这位苏格兰混血儿叫停了比赛，并将戴夫从球队中除名。

Sujetó a Solleks en el lugar de Dave, más cerca del frente del trineo.

他把索莱克斯固定在戴夫的位置上，靠近雪橇的前部。

Su intención era dejar que Dave descansara y corriera libremente detrás del trineo en movimiento.

他想让戴夫休息并在移动的雪橇后面自由奔跑。

Pero incluso estando enfermo, Dave odiaba que lo sacaran del trabajo que había tenido.

但即使生病了，戴夫仍然讨厌被剥夺他原来的工作。

Gruñó y gimió cuando le quitaron las riendas del cuerpo.

当缰绳从他的身体上被拔出时，他发出咆哮和呜咽声。

Cuando vio a Solleks en su lugar, lloró con el corazón roto.

当他看到索莱克斯站在自己的位置上时，他伤心欲绝，哭了起来。

El orgullo por el trabajo en los senderos estaba profundamente arraigado en Dave, incluso cuando se acercaba la muerte.

即使死亡临近，戴夫心中仍然怀有从事越野跑工作的深深自豪感。

Mientras el trineo se movía, Dave se tambaleaba sobre la nieve blanda cerca del sendero.

随着雪橇的移动，戴夫在小路附近的松软雪地上挣扎。

Atacó a Solleks, mordiéndolo y empujándolo desde el costado del trineo.

他攻击了索莱克斯，咬了他并将他从雪橇侧面推开。

Dave intentó saltar al arnés y recuperar su lugar de trabajo.

戴夫试图跳进安全带并重新夺回他的工作位置。

Gritó, se quejó y lloró, dividido entre el dolor y el orgullo por el trabajo.

他尖叫、呜咽、哭泣，在分娩的痛苦和自豪之间挣扎。

El mestizo usó su látigo para intentar alejar a Dave del equipo.

这个混血儿用鞭子试图把戴夫赶出队伍。

Pero Dave ignoró el látigo y el hombre no pudo golpearlo más fuerte.

但戴夫无视了鞭子，那人无法更用力地打他。

Dave rechazó el camino más fácil detrás del trineo, donde la nieve estaba acumulada.

戴夫拒绝选择雪橇后面更容易走的路，因为那里积满了雪。

En cambio, luchaba en la nieve profunda junto al sendero, en la miseria.

相反，他在小路旁的深雪中痛苦地挣扎。

Finalmente, Dave se desplomó, quedó tendido en la nieve y aullando de dolor.

最终，戴夫倒下了，躺在雪地里痛苦地嚎叫。

Gritó cuando el largo tren de trineos pasó a su lado uno por uno.

当长长的雪橇队伍一辆接一辆地从他身边驶过时，他大声喊道。

Aún con las fuerzas que le quedaban, se levantó y tropezó tras ellos.

尽管如此，他还是凭借着仅存的力气站了起来，跌跌撞撞地跟在他们后面。

Lo alcanzó cuando el tren se detuvo nuevamente y encontró su viejo trineo.

当火车再次停下来时，他追了上来，找到了他的旧雪橇。

Pasó junto a los otros equipos y se quedó de nuevo al lado de Solleks.

他奋力超越其他队伍，再次站在索莱克斯身边。

Cuando el conductor se detuvo para encender su pipa, Dave aprovechó su última oportunidad.

当司机停下来点燃烟斗时，戴夫抓住了最后的机会。

Cuando el conductor regresó y gritó, el equipo no avanzó.

当司机返回并大喊时，车队没有继续前进。

Los perros habían girado la cabeza, confundidos por la parada repentina.

狗儿们因为突然的停顿而感到困惑，纷纷转过头。

El conductor también estaba sorprendido: el trineo no se había movido ni un centímetro hacia adelante.

驾驶员也大吃一惊——
雪橇根本就没向前移动一英寸。

Llamó a los demás para que vinieran a ver qué había sucedido.

他大声呼喊其他人过来看看发生了什么事。

Dave había mordido las riendas de Solleks, rompiéndolas ambas.

戴夫咬断了索莱克斯的缰绳，把两者都咬断了。

Ahora estaba de pie frente al trineo, nuevamente en su posición correcta.

现在他站在雪橇前面，回到了他正确的位置。

Dave miró al conductor y le rogó en silencio que se mantuviera en el carril.

戴夫抬头看着司机，默默地恳求他留在车道上。

El conductor estaba desconcertado, sin saber qué hacer con el perro que luchaba.

司机感到困惑，不知道该如何帮助这只挣扎的狗。

Los otros hombres hablaron de perros que habían muerto al ser sacados a la calle.

其他人谈到了因被带出去而死亡的狗。

Contaron sobre perros viejos o heridos cuyo corazón se rompió al ser abandonados.

他们讲述了那些年老或受伤的狗被遗弃时心碎的故事。

Estuvieron de acuerdo en que era una misericordia dejar que Dave muriera mientras aún estaba en su arnés.

他们一致认为，让戴夫在安全带里死去是仁慈的。

Lo volvieron a sujetar al trineo y Dave tiró con orgullo.

他被重新绑在雪橇上，戴夫自豪地拉着雪橇。

Aunque a veces gritaba, trabajaba como si el dolor pudiera ignorarse.

尽管他有时会大叫，但他仍然努力工作，仿佛可以忽略痛苦。

Más de una vez se cayó y fue arrastrado antes de levantarse de nuevo.

他不止一次跌倒，被人拖着才再次站起来。

Un día, el trineo pasó por encima de él y desde ese momento empezó a cojear.

有一次，雪橇从他身上滚了过去，从那一刻起他就一瘸一拐地走路了。

Aún así, trabajó hasta llegar al campamento y luego se acostó junto al fuego.

尽管如此，他还是坚持工作直到到达营地，然后躺在火堆旁。

Por la mañana, Dave estaba demasiado débil para viajar o incluso mantenerse en pie.

到了早上，戴夫已经虚弱得无法行走，甚至无法站立。

En el momento de preparar el arnés, intentó alcanzar a su conductor con un esfuerzo tembloroso.

在系好马具时，他颤抖着努力试图靠近他的车夫。

Se obligó a levantarse, se tambaleó y se desplomó sobre el suelo nevado.

他强迫自己站起来，却踉跄了一下，倒在了雪地上。

Utilizando sus patas delanteras, arrastró su cuerpo hacia el área del arnés.

他用前腿将身体拖向挽具区域。

Avanzó poco a poco, centímetro a centímetro, hacia los perros de trabajo.

他一点一点地向前移动，向工作犬靠近。

Sus fuerzas se acabaron, pero siguió avanzando en su último y desesperado esfuerzo.

他已经筋疲力尽，但他仍在拼尽最后一丝力气，继续前行。

Sus compañeros de equipo lo vieron jadeando en la nieve, todavía deseando unirse a ellos.

队友们看到他在雪地里喘着粗气，仍然渴望加入他们。

Lo oyeron aullar de dolor mientras dejaban atrás el campamento.

当他们离开营地时，听到了他悲伤的嚎叫。

Cuando el equipo desapareció entre los árboles, el grito de Dave resonó detrás de ellos.

当队伍消失在树林中时，戴夫的叫喊声在他们身后回荡。

El tren de trineos se detuvo brevemente después de cruzar un tramo de bosque junto al río.

雪橇火车穿过一片河边树林后短暂地停了下来。

El mestizo escocés caminó lentamente de regreso hacia el campamento que estaba detrás.

苏格兰混血儿慢慢地向后面的营地走去。

Los hombres dejaron de hablar cuando lo vieron salir del tren de trineos.

当人们看到他离开雪橇列车时，他们停止了说话。

Entonces un único disparo se oyó claro y nítido en el camino.

然后，小路上响起了一声清晰而尖锐的枪声。

El hombre regresó rápidamente y ocupó su lugar sin decir palabra.

那人很快就回来了，一言不发地回到了自己的位置。

Los látigos crujieron, las campanas tintinearon y los trineos rodaron por la nieve.

鞭子啪啪作响，铃铛叮当作响，雪橇在雪地里滚动。

Pero Buck sabía lo que había sucedido... y todos los demás perros también.

但巴克知道发生了什么事——其他狗也知道。

El trabajo de las riendas y el sendero
缰绳与踪迹的辛劳

Treinta días después de salir de Dawson, el Salt Water Mail llegó a Skaguay.
离开道森三十天后，咸水邮船抵达斯卡圭。

Buck y sus compañeros tomaron la delantera, llegando en lamentables condiciones.
巴克和他的队友们领先，但到达时他们的状态却很糟糕。

Buck había bajado de ciento cuarenta a ciento quince libras.
巴克的体重从一百四十磅减到了一百一十五磅。

Los otros perros, aunque más pequeños, habían perdido aún más peso corporal.
其他狗虽然体型较小，但体重减轻得更多。

Pike, que antes fingía cojear, ahora arrastraba tras él una pierna realmente herida.
派克曾经假装跛脚，现在却拖着一条真正受伤的腿。

Solleks cojeaba mucho y Dub tenía un omóplato torcido.
索莱克斯（Solleks）严重跛行，而杜布（Dub）的肩胛骨则扭伤了。

Todos los perros del equipo tenían las patas doloridas por las semanas que pasaron en el sendero helado.
由于在冰冻的小路上跋涉了数周，队伍中的每只狗都脚痛不已。

Ya no tenían resorte en sus pasos, sólo un movimiento lento y arrastrado.
他们的步伐不再轻快，只有缓慢、拖沓的动作。

Sus pies golpeaban el sendero con fuerza y cada paso añadía más tensión a sus cuerpos.

他们的双脚用力踩在小路上，每一步都给他们的身体带来更大的压力。

No estaban enfermos, sólo agotados más allá de toda recuperación natural.

他们并没有生病，只是体力消耗太大，无法自然恢复。

No era el cansancio de un día duro que se curaba con una noche de descanso.

这不是一天辛苦劳累之后，经过一夜休息就能治愈的疲劳。

Fue un agotamiento acumulado lentamente a lo largo de meses de esfuerzo agotador.

这是经过数月艰苦努力慢慢积累起来的疲惫。

No quedaban reservas de fuerza: habían agotado todas las que tenían.

没有任何后备力量，他们已经用尽了所有的力量。

Cada músculo, fibra y célula de sus cuerpos estaba gastado y desgastado.

他们身上的每一块肌肉、每一根纤维、每一个细胞都已磨损殆尽。

Y había una razón: habían recorrido dos mil quinientas millas.

这是有原因的——他们已经走了两千五百英里。

Habían descansado sólo cinco días durante las últimas mil ochocientas millas.

在最后的一千八百英里中，他们只休息了五天。

Cuando llegaron a Skaguay, parecían apenas capaces de mantenerse en pie.

当他们到达斯卡圭时，他们看起来几乎无法直立。

Se esforzaron por mantener las riendas tensas y permanecer delante del trineo.

他们努力拉紧缰绳，保持领先于雪橇。

En las bajadas sólo lograron evitar ser atropellados.

在下坡时，他们仅仅设法避免被碾压。

"Sigan adelante, pobres pies doloridos", dijo el conductor mientras cojeaban.

"继续前进吧，可怜的脚，好痛啊，"司机一边说着，一边一瘸一拐地往前走。

"Este es el último tramo, luego todos tendremos un largo descanso, seguro".

"这是最后一段路程，然后我们肯定都会得到一次长时间的休息。"

"Un descanso verdaderamente largo", prometió mientras los observaba tambalearse hacia adelante.

"一次真正长久的休息，"他承诺道，看着他们蹒跚地向前走。

Los conductores esperaban que ahora tuvieran un descanso largo y necesario.

司机们希望他们现在可以得到一次长时间的、必要的休息。

Habían recorrido mil doscientas millas con sólo dos días de descanso.

他们已经走了一千二百英里，只休息了两天。

Por justicia y razón, sintieron que se habían ganado tiempo para relajarse.

公平而理性地，他们觉得自己应该有时间放松一下。

Pero eran demasiados los que habían llegado al Klondike y muy pocos los que se habían quedado en casa.

但是来到克朗代克的人太多了，而留在家里的人太少了。

Las cartas de las familias llegaron en masa, creando montañas de correo retrasado.

来自家人的信件大量涌入，导致大量邮件被延误。

Llegaron órdenes oficiales: nuevos perros de la Bahía de Hudson tomarían el control.

官方命令已下达——新的哈德逊湾犬将接管。

Los perros exhaustos, ahora llamados inútiles, debían ser eliminados.

这些筋疲力尽的狗现在被认为毫无价值，将被处理掉。

Como el dinero importaba más que los perros, los iban a vender a bajo precio.

因为钱比狗更重要，所以它们将被廉价出售。

Pasaron tres días más antes de que los perros sintieran lo débiles que estaban.

又过了三天，狗才感觉到自己有多么虚弱。

En la cuarta mañana, dos hombres de Estados Unidos compraron todo el equipo.

第四天早上，两个来自美国的男人买下了整支球队。

La venta incluía todos los perros, además de sus arneses usados.

此次出售的商品包括所有狗以及它们磨损的挽具。

Los hombres se llamaban entre sí "Hal" y "Charles" mientras completaban el trato.

交易完成后，两人互称"哈尔"和"查尔斯"。

Charles era un hombre de mediana edad, pálido, con labios flácidos y puntas de bigote feroces.

查尔斯是一位中年人，面色苍白，嘴唇松弛，胡子尖儿浓密。

Hal era un hombre joven, de unos diecinueve años, que llevaba un cinturón lleno de cartuchos.

哈尔是个年轻人，大概十九岁，腰间系着一条装满子弹的腰带。

El cinturón contenía un gran revólver y un cuchillo de caza, ambos sin usar.

腰带上挂着一把大左轮手枪和一把猎刀，均未使用过。

Esto demostró lo inexperto e inadecuado que era para la vida en el norte.

这表明他缺乏经验，不适合北方的生活。

Ninguno de los dos pertenecía a la naturaleza; su presencia desafiaba toda razón.

这两个人都不属于荒野；他们的存在违背了一切理性。

Buck observó cómo el dinero intercambiaba manos entre el comprador y el agente.

巴克看着买家和代理人之间金钱交易。

Sabía que los conductores de trenes correos abandonaban su vida como el resto.

他知道，邮政火车司机也像其他人一样，要离开他的生活了。

Siguieron a Perrault y a François, ahora desaparecidos sin posibilidad de recuperación.

他们追随了佩罗和弗朗索瓦的脚步，而后者如今已不在人世。

Buck y el equipo fueron conducidos al descuidado campamento de sus nuevos dueños.

巴克和球队被带到了新主人的简陋营地。

La tienda se hundía, los platos estaban sucios y todo estaba desordenado.

帐篷塌陷，盘子脏兮兮的，一切都乱七八糟。

Buck también notó que había una mujer allí: Mercedes, la esposa de Charles y hermana de Hal.

巴克也注意到那里有一个女人——
梅赛德斯，查尔斯的妻子，哈尔的妹妹。

Formaban una familia completa, aunque no eran aptos para el recorrido.

尽管他们远不适合这条路线，但他们组成了一个完整的家庭。

Buck observó nervioso cómo el trío comenzó a empacar los suministros.

巴克紧张地看着三人开始打包物资。

Trabajaron duro, pero sin orden: sólo alboroto y esfuerzos desperdiciados.

他们努力工作，但没有秩序——
只是忙乱和浪费精力。

La tienda estaba enrollada hasta formar un volumen
demasiado grande para el trineo.

帐篷被卷成一个笨重的形状，对于雪橇来说太大了。

Los platos sucios se empaquetaron sin limpiarlos ni secarlos.

脏盘子根本没有清洗或擦干就被打包了。

Mercedes revoloteaba por todos lados, hablando,
corrigiendo y entrometiéndose constantemente.

梅赛德斯四处飞舞，不断地说话、纠正和干涉。

Cuando le ponían un saco en el frente, ella insistía en que lo
pusieran en la parte de atrás.

当一个袋子放在前面时，她坚持把它放在后面。

Metió la bolsa en el fondo y al siguiente momento la
necesitó.

她把麻袋塞在底部，下一刻她就需要它了。

De esta manera, el trineo fue desempaquetado nuevamente
para alcanzar la bolsa específica.

因此，雪橇再次被打开，以到达一个特定的袋子。

Cerca de allí, tres hombres estaban parados afuera de una
tienda de campaña, observando cómo se desarrollaba la
escena.

附近，三名男子站在帐篷外，注视着这一幕的发生。

Sonrieron, guiñaron el ojo y sonrieron ante la evidente
confusión de los recién llegados.

他们微笑着，眨眨眼，对新来者明显困惑的表情咧嘴
一笑。

"Ya tienes una carga bastante pesada", dijo uno de los
hombres.

"你已经扛了很重的担子，"其中一名男子说道。

"No creo que debas llevar esa tienda de campaña, pero es tu
elección".

"我认为你不应该扛着那顶帐篷，但这是你的选择。
"

"¡Inimaginable!", exclamó Mercedes levantando las manos
con desesperación.

"做梦也想不到！" 梅赛德斯绝望地举起双手，大叫道。

"¿Cómo podría viajar sin una tienda de campaña donde refugiarme?"

"没有帐篷我怎么能去旅行呢？"

"Es primavera, ya no volverás a ver el frío", respondió el hombre.

"现在是春天——
你不会再看到寒冷的天气了，" 那人回答道。

Pero ella meneó la cabeza y ellos siguieron apilando objetos en el trineo.

但她摇了摇头，他们继续把物品堆到雪橇上。

La carga se elevó peligrosamente a medida que añadían los últimos elementos.

当他们添加最后的东西时，负载已经高得危险了。

"¿Crees que el trineo se deslizará?" preguntó uno de los hombres con mirada escéptica.

"你觉得雪橇能滑行吗？" 其中一个男人怀疑地问道。

"¿Por qué no debería?", replicó Charles con gran fastidio.

"为什么不能呢？" 查尔斯恼怒地反驳道。

—Está bien —dijo rápidamente el hombre, alejándose un poco de la ofensa.

"哦，没关系，" 那人赶紧说道，不再冒犯。

"Solo me preguntaba, me pareció que tenía la parte superior demasiado pesada".

"我只是好奇——
它看起来对我来说有点头重脚轻。"

Charles se dio la vuelta y ató la carga lo mejor que pudo.

查尔斯转过身，尽力把货物绑好。

Pero las ataduras estaban sueltas y el embalaje en general estaba mal hecho.

但捆扎松散，整体包装质量较差。

"Claro, los perros tirarán de eso todo el día", dijo otro hombre con sarcasmo.

"当然，狗会整天拉这个，"另一个男人讽刺地说。

—Por supuesto —respondió Hal con frialdad, agarrando el largo palo del trineo.

"当然，"哈尔冷冷地回答道，抓住了雪橇的长地杆。

Con una mano en el poste, blandía el látigo con la otra.

他一手扶着杆子，一手挥动着鞭子。

"¡Vamos!", gritó. "¡Muévanse!", instando a los perros a empezar.

"出发！"他喊道。"动起来！"他催促着狗们开始行动。

Los perros se inclinaron hacia el arnés y se tensaron durante unos instantes.

狗靠在挽具上，用力了一会儿。

Entonces se detuvieron, incapaces de mover ni un centímetro el trineo sobrecargado.

然后他们停了下来，超载的雪橇一动也不能动。

—¡Esos brutos perezosos! —gritó Hal, levantando el látigo para golpearlos.

"这些懒惰的畜生！"哈尔喊道，举起鞭子抽打他们。

Pero Mercedes entró corriendo y le arrebató el látigo de las manos a Hal.

但梅赛德斯冲了进来，从哈尔手中夺走了鞭子。

—Oh, Hal, no te atrevas a hacerles daño —gritó alarmada.

"哦，哈尔，你敢伤害他们，"她惊慌地喊道。

"Prométeme que serás amable con ellos o no daré un paso más".

"答应我，你会善待他们，否则我就不再前进一步。"

—No sabes nada de perros —le espetó Hal a su hermana.

"你对狗一无所知，"哈尔厉声对妹妹说。

"Son perezosos y la única forma de moverlos es azotándolos".

"他们很懒，唯一能让他们动起来的方法就是鞭打他们。"

"Pregúntale a cualquiera, pregúntale a uno de esos hombres de allí si dudas de mí".

"如果你怀疑我，就问任何人——
问那边的那些人中的一个。"

Mercedes miró a los espectadores con ojos suplicantes y llorosos.

梅赛德斯用恳求和泪眼看着旁观者。

Su rostro mostraba lo profundamente que odiaba ver cualquier dolor.

她的脸上流露出她对看到任何痛苦的极度厌恶。

"Están débiles, eso es todo", dijo un hombre. "Están agotados".

"他们只是虚弱而已，"一名男子说道，"他们已经筋疲力尽了。"

"Necesitan descansar, han trabajado demasiado tiempo sin descansar".

"他们需要休息——
他们已经工作太久了，没有休息过。"

—Maldito sea el resto —murmuró Hal con el labio curvado.

"剩下的就见鬼去吧，"哈尔撇着嘴嘟囔道。

Mercedes jadeó, visiblemente dolida por la grosera palabra que pronunció.

梅赛德斯倒吸了一口气，显然被他粗鲁的言辞弄得很痛苦。

Aún así, ella se mantuvo leal y defendió instantáneamente a su hermano.

尽管如此，她仍然保持忠诚并立即保护了她的兄弟。

—No le hagas caso a ese hombre —le dijo a Hal—. Son nuestros perros.

"别介意那个男人，"她对哈尔说。"它们是我们的狗。"

"Los conduces como mejor te parezca, haz lo que creas correcto".

"你按照自己认为合适的方式驾驶它们——做你认为正确的事。"

Hal levantó el látigo y volvió a golpear a los perros sin piedad.

哈尔举起鞭子，再次毫不留情地抽打狗。

Se lanzaron hacia adelante, con el cuerpo agachado y los pies hundidos en la nieve.

他们猛地向前冲去，身体放低，双脚深深地插入雪中。

Ponían toda su fuerza en tirar, pero el trineo no se movía.

他们用尽全身的力气去拉，但雪橇却纹丝不动。

El trineo quedó atascado, como un ancla congelada en la nieve compacta.

雪橇卡住了，就像一个锚被冻在了厚厚的雪里。

Tras un segundo esfuerzo, los perros se detuvieron de nuevo, jadeando con fuerza.

经过第二次尝试，狗再次停了下来，气喘吁吁。

Hal levantó el látigo una vez más, justo cuando Mercedes interfirió nuevamente.

就在梅赛德斯再次出手阻拦时，哈尔再次举起了鞭子。

Ella cayó de rodillas frente a Buck y abrazó su cuello.

她跪在巴克面前并抱住他的脖子。

Las lágrimas llenaron sus ojos mientras le suplicaba al perro exhausto.

当她恳求这只筋疲力尽的狗时，她的眼里充满了泪水。

"Pobres queridos", dijo, "¿por qué no tiran más fuerte?"

"你这可怜的孩子，"她说，"为什么不再用力拉一点呢？"

"Si tiras, no te azotarán así".

"如果你拉的话，就不会被这样鞭打了。"

A Buck no le gustaba Mercedes, pero estaba demasiado cansado para resistirse a ella ahora.

巴克不喜欢梅赛德斯，但是他现在太累了，无法抗拒她。

Él aceptó sus lágrimas como una parte más de ese día miserable.

他把她的眼泪当做这悲惨的一天的一部分。

Uno de los hombres que observaban finalmente habló después de contener su ira.

一名围观的男子终于强忍住怒火，开口说道。

"No me importa lo que les pase a ustedes, pero esos perros importan".

"我不关心你们发生了什么，但那些狗很重要。"

"Si quieres ayudar, suelta ese trineo: está congelado hasta la nieve".

"如果你想帮忙，就把雪橇松开——
它已经冻在雪上了。"

"Presiona con fuerza el polo G, derecha e izquierda, y rompe el sello de hielo".

"用力推航向杆，左右推动，打破冰封。"

Se hizo un tercer intento, esta vez siguiendo la sugerencia del hombre.

第三次尝试之后，这次听从了该男子的建议。

Hal balanceó el trineo de un lado a otro, soltando los patines.

哈尔左右摇晃着雪橇，把滑板摇松了。

El trineo, aunque sobrecargado y torpe, finalmente avanzó con dificultad.

雪橇虽然超载且笨重，但最终还是向前蹒跚而行。

Buck y los demás tiraron salvajemente, impulsados por una tormenta de latigazos.

巴克和其他人疯狂地拉着船，被一阵鞭子抽打着。

Cien metros más adelante, el sendero se curvaba y descendía hacia la calle.

前方一百码处，小路弯曲并倾斜进入街道。

Se hubiera necesitado un conductor habilidoso para mantener el trineo en posición vertical.

需要一位熟练的驾驶员才能保持雪橇直立。

Hal no era hábil y el trineo se volcó al girar en la curva.

哈尔的技术并不熟练，雪橇在转弯时倾斜了。

Las ataduras sueltas cedieron y la mitad de la carga se derramó sobre la nieve.

松散的捆扎带断裂，一半的货物散落在雪地上。

Los perros no se detuvieron; el trineo, más ligero, siguió volando de lado.

狗没有停下来；较轻的雪橇侧身飞驰而去。

Enojados por el abuso y la pesada carga, los perros corrieron más rápido.

由于受到虐待和负担过重，狗变得愤怒，跑得更快了。

Buck, furioso, echó a correr, con el equipo siguiéndolo detrás.

巴克勃然大怒，拔腿就跑，队伍紧随其后。

Hal gritó "¡Guau! ¡Guau!", pero el equipo no le hizo caso.

哈尔大喊"哇！哇！"但队员们没有理会他。

Tropezó, cayó y fue arrastrado por el suelo por el arnés.

他绊倒了，摔倒了，被安全带拖着在地上行走。

El trineo volcado saltó sobre él mientras los perros corrían delante.

当狗在前面奔跑时，翻倒的雪橇撞到了他。

El resto de los suministros se dispersaron por la concurrida calle de Skaguay.

其余物资散落在斯卡圭繁忙的街道上。

La gente bondadosa se apresuró a detener a los perros y recoger el equipo.

好心人赶紧上前阻止，并收拾好装备。

También dieron consejos, contundentes y prácticos, a los nuevos viajeros.

他们还向新旅行者提供了直率而实用的建议。

"Si quieres llegar a Dawson, lleva la mitad de la carga y el doble de perros".

"如果你想到达道森，就带一半的货物，双倍的狗。"

Hal, Charles y Mercedes escucharon, aunque no con entusiasmo.

哈尔、查尔斯和梅赛德斯听着，但并不热情。

Instalaron su tienda de campaña y comenzaron a clasificar sus suministros.

他们搭起帐篷并开始整理物资。

Salieron alimentos enlatados, lo que hizo reír a carcajadas a los espectadores.

罐头食品端了出来，引得围观的人哈哈大笑。

"¿Enlatado en el camino? Te morirás de hambre antes de que se derrita", dijo uno.

"路上有罐头食品？等它们融化了你就会饿死的。"一个人说道。

¿Mantas de hotel? Mejor tíralas todas.

"酒店的毯子？你最好把它们都扔掉。"

"Si también deshazte de la tienda de campaña, aquí nadie lava los platos".

"把帐篷也扔掉，这里就没人洗碗了。"

¿Crees que estás viajando en un tren Pullman con sirvientes a bordo?

"你以为你乘坐的是一辆有仆人的普尔曼火车吗？"

El proceso comenzó: todos los objetos inútiles fueron arrojados a un lado.

流程开始了——所有无用的物品都被扔到一边。

Mercedes lloró cuando sus maletas fueron vaciadas en el suelo nevado.

当她的行李被倒在雪地上时，梅赛德斯哭了。

Ella sollozaba por cada objeto que tiraba, uno por uno, sin pausa.

她对着被扔掉的每件物品不停地抽泣。

Ella juró no dar un paso más, ni siquiera por diez Charleses.

她发誓不再向前迈进一步——哪怕是十个查尔斯。

Ella le rogó a cada persona cercana que le permitiera conservar sus cosas preciosas.

她恳求附近的每个人让她保留她的珍贵物品。

Por último, se secó los ojos y comenzó a arrojar incluso la ropa más importante.

最后，她擦干了眼睛，开始扔掉哪怕是至关重要的衣服。

Cuando terminó con los suyos, comenzó a vaciar los suministros de los hombres.

当她处理完自己的物品后，她开始清空男人们的物品。

Como un torbellino, destrozó las pertenencias de Charles y Hal.

她像旋风一样，把查尔斯和哈尔的物品都洗劫一空。

Aunque la carga se redujo a la mitad, todavía era mucho más pesada de lo necesario.

尽管负载减少了一半，但仍然远远超过了需要的重量。

Esa noche, Charles y Hal salieron y compraron seis perros nuevos.

那天晚上，查尔斯和哈尔出去买了六只新狗。

Estos nuevos perros se unieron a los seis originales, además de Teek y Koona.

这些新狗加入了原来的六只狗，还有 Teek 和 Koona。

Juntos formaron un equipo de catorce perros enganchados al trineo.

他们一起组成了一支由十四只狗组成的队伍，这些狗都被拴在雪橇上。

Pero los nuevos perros no eran aptos y estaban mal entrenados para el trabajo con trineos.

但新来的狗不适合拉雪橇，训练也很差。

Tres de los perros eran pointers de pelo corto y uno era un Terranova.

其中三只狗是短毛指示犬，一只是纽芬兰犬。

Los dos últimos perros eran mestizos, sin ninguna raza ni propósito claros.

最后两只狗是杂种狗，没有明确的品种或用途。

No entendieron el camino y no lo aprendieron rápidamente.

他们不了解这条路线，而且他们没有很快学会它。

Buck y sus compañeros los miraron con desprecio y profunda irritación.

巴克和他的伙伴们带着轻蔑和深深的恼怒看着他们。

Aunque Buck les enseñó lo que no debían hacer, no podía enseñarles cuál era el deber.

尽管巴克教会了他们什么不该做，但他却无法教会他们责任。

No se adaptaron bien a la vida en senderos ni al tirón de las riendas y los trineos.

它们不适应跟踪生活，也不适应缰绳和雪橇的拉动。

Sólo los mestizos intentaron adaptarse, e incluso a ellos les faltó espíritu de lucha.

只有杂种狗试图适应，但即使如此，它们也缺乏战斗精神。

Los demás perros estaban confundidos, debilitados y destrozados por su nueva vida.

其他狗对新生活感到困惑、虚弱和崩溃。

Con los nuevos perros desorientados y los viejos exhaustos, la esperanza era escasa.

由于新来的狗毫无头绪，而老狗又筋疲力尽，希望渺茫。

El equipo de Buck había recorrido dos mil quinientas millas de senderos difíciles.

巴克的队伍已经走过了二千五百英里的艰难道路。

Aún así, los dos hombres estaban alegres y orgullosos de su gran equipo de perros.

尽管如此，这两个人还是很高兴，并为他们的大型狗队感到自豪。

Creían que viajaban con estilo, con catorce perros enganchados.
他们以为带着十四只狗的旅行很时尚。

Habían visto trineos partir hacia Dawson y otros llegar desde allí.
他们看到雪橇出发前往道森，其他雪橇也从那里抵达。

Pero nunca habían visto uno tirado por tantos catorce perros.
但他们从未见过由十四只狗拉着的火车。

Había una razón por la que equipos como ese eran raros en el desierto del Ártico.
这样的队伍在北极荒野中很少见，这是有原因的。

Ningún trineo podría transportar suficiente comida para alimentar a catorce perros durante el viaje.
没有一辆雪橇能够装载足够的食物来喂养十四只狗。

Pero Charles y Hal no lo sabían: habían hecho los cálculos.
但查尔斯和哈尔不知道这一点——他们已经算过了。

Planificaron la comida: tanta cantidad por perro, tantos días, y listo.
他们用铅笔写下食物量：每只狗需要多少，需要多少天，就吃完。

Mercedes miró sus figuras y asintió como si tuviera sentido.
梅赛德斯看着他们的身影，点了点头，仿佛觉得很有道理。

Todo le parecía muy sencillo, al menos en el papel.
对她来说，一切都显得非常简单，至少在纸面上是如此。

A la mañana siguiente, Buck guió al equipo lentamente por la calle nevada.
第二天早上，巴克带领队伍沿着积雪的街道缓缓前行。

No había energía ni espíritu en él ni en los perros detrás de él.

他和他身后的狗都失去了活力和精神。

Estaban muertos de cansancio desde el principio: no les quedaban reservas.

他们从一开始就非常疲惫——没有任何后劲。

Buck ya había hecho cuatro viajes entre Salt Water y Dawson.

巴克已在 Salt Water 和 Dawson 之间往返了四次。

Ahora, enfrentado nuevamente el mismo desafío, no sentía nada más que amargura.

如今，再次面临同样的考验，他只感到苦涩。

Su corazón no estaba en ello, ni tampoco el corazón de los otros perros.

他心不在焉，其他狗也一样。

Los nuevos perros eran tímidos y los huskies carecían de confianza.

新来的狗很胆小，哈士奇也缺乏信任。

Buck sintió que no podía confiar en estos dos hombres ni en su hermana.

巴克感觉到他不能依赖这两个人或他们的妹妹。

No sabían nada y no mostraron señales de aprender en el camino.

他们什么都不知道，而且在路上也没有表现出任何学习的迹象。

Estaban desorganizados y carecían de cualquier sentido de disciplina.

他们组织混乱，缺乏纪律性。

Les tomó media noche montar un campamento descuidado cada vez.

每次他们都要花半夜的时间才能搭建一个简陋的营地。

Y la mitad de la mañana siguiente la pasaron otra vez jugueteando con el trineo.

第二天上午他们又花了大半天时间笨手笨脚地推着雪橇。

Al mediodía, a menudo se detenían simplemente para arreglar la carga desigual.

到了中午，他们常常会停下来只是为了修理不均匀的负载。

Algunos días, viajaron menos de diez millas en total.

有些日子，他们总共行走不到十英里。

Otros días ni siquiera conseguían salir del campamento.

其他日子里，他们根本没能离开营地。

Nunca llegaron a cubrir la distancia alimentaria planificada.

他们从来没有接近完成计划的食物距离。

Como era de esperar, muy rápidamente se quedaron sin comida para los perros.

正如他们所料，狗粮很快就吃完了。

Empeoró las cosas sobrealimentándolos en los primeros días.

早期他们喂食过多，导致情况变得更糟。

Esto acercaba la hambruna con cada ración descuidada.

每一次不注意配给，都使饥饿离我们越来越近。

Los nuevos perros no habían aprendido a sobrevivir con muy poco.

新来的狗还没有学会如何靠很少的资源生存。

Comieron con hambre, con apetitos demasiado grandes para el camino.

他们狼吞虎咽地吃着东西，胃口太大，不适合走这条路。

Al ver que los perros se debilitaban, Hal creyó que la comida no era suficiente.

看到狗越来越虚弱，哈尔认为食物不够。

Duplicó las raciones, empeorando aún más el error.

他把口粮增加了一倍，这使错误变得更加严重。

Mercedes añadió más problemas con lágrimas y suaves súplicas.

梅赛德斯的眼泪和轻声的恳求让问题变得更加严重。

Cuando no pudo convencer a Hal, alimentó a los perros en secreto.

当她无法说服哈尔时，她就偷偷地喂狗。

Ella robó de los sacos de pescado y se lo dio a sus espaldas.
她偷走了鱼袋里的鱼，并背着他给了他们。

Pero lo que los perros realmente necesitaban no era más comida: era descanso.
但狗真正需要的不是更多的食物，而是休息。

Iban a poca velocidad, pero el pesado trineo aún seguía avanzando.
他们的速度很慢，但沉重的雪橇仍然向前移动。

Ese peso solo les quitaba las fuerzas que les quedaban cada día.
单是这个重量就足以消耗他们每天仅剩的体力。

Luego vino la etapa de desalimentación ya que los suministros escasearon.
随后，由于供给不足，进入了食物不足的阶段。

Una mañana, Hal se dio cuenta de que la mitad de la comida para perros ya había desaparecido.
一天早上，哈尔发现一半的狗粮已经吃完了。

Sólo habían recorrido una cuarta parte de la distancia total del recorrido.
他们只走了总路程的四分之一。

No se podía comprar más comida por ningún precio que se ofreciera.
无论出价多少，都买不到更多的食物。

Redujo las raciones de los perros por debajo de la ración diaria estándar.
他将狗的食量减少到标准每日定量以下。

Al mismo tiempo, exigió viajes más largos para compensar las pérdidas.
同时，他要求延长旅行时间以弥补损失。

Mercedes y Carlos apoyaron este plan, pero fracasaron en su ejecución.
梅赛德斯和查尔斯支持这个计划，但在执行上失败了。

Su pesado trineo y su falta de habilidad hicieron que el avance fuera casi imposible.

由于雪橇太重，加上缺乏技巧，他们的前进几乎是不可能的。

Era fácil dar menos comida, pero imposible forzar más esfuerzo.

少给食物很容易，但强迫别人多付出却不可能。

No podían salir temprano ni tampoco viajar horas extras.

他们不能早点出发，也不能加班。

No sabían cómo trabajar con los perros, ni tampoco ellos mismos.

他们不知道该如何训练狗，甚至不知道该如何训练他们自己。

El primer perro que murió fue Dub, el desafortunado pero trabajador ladrón.

第一只死去的狗是杜布，一只不幸但勤奋的小偷。

Aunque a menudo lo castigaban, Dub había hecho su parte sin quejarse.

尽管经常受到惩罚，但杜布仍然毫无怨言地尽职尽责。

Su hombro lesionado empeoró sin cuidados ni necesidad de descanso.

他的肩膀受伤，如果不加以治疗或休息，情况就会变得更糟。

Finalmente, Hal usó el revólver para acabar con el sufrimiento de Dub.

最后，哈尔用左轮手枪结束了杜布的痛苦。

Un dicho común afirma que los perros normales mueren con raciones para perros esquimales.

有句俗话说，普通的狗吃了哈士奇的食物就会死。

Los seis nuevos compañeros de Buck tenían sólo la mitad de la porción de comida del husky.

巴克的六个新伙伴只得到了哈士奇一半的食物份额。

Primero murió el Terranova y después los tres bracos de pelo corto.

纽芬兰犬首先死去，然后是三只短毛指针犬。

Los dos mestizos resistieron más tiempo pero finalmente perecieron como el resto.

两只杂种狗坚持得更久，但最终还是像其他狗一样死去了。

Para entonces, todas las comodidades y la dulzura de Southland habían desaparecido.

此时，南国的舒适与温柔已荡然无存。

Las tres personas habían perdido los últimos vestigios de su educación civilizada.

这三个人已经失去了文明成长的最后一丝痕迹。

Despojado de glamour y romance, el viaje al Ártico se volvió brutalmente real.

北极旅行失去了魅力和浪漫，变得残酷而真实。

Era una realidad demasiado dura para su sentido de masculinidad y feminidad.

对于他们的男子气概和女人味而言，这个现实太过残酷。

Mercedes ya no lloraba por los perros, ahora lloraba sólo por ella misma.

梅赛德斯不再为狗哭泣，现在只为自己哭泣。

Pasó su tiempo llorando y peleando con Hal y Charles.

她一直哭泣并与哈尔和查尔斯争吵。

Pelear era lo único que nunca estaban demasiado cansados para hacer.

争吵是他们永远不会厌倦的一件事。

Su irritabilidad surgió de la miseria, creció con ella y la superó.

他们的烦躁源自痛苦，并随着痛苦而增长，最终超越痛苦。

La paciencia del camino, conocida por quienes trabajan y sufren con bondad, nunca llegó.

那些辛勤劳作、忍受痛苦的人所知道的耐心之路从未到来。

Esa paciencia que conserva dulce la palabra a pesar del dolor les era desconocida.

他们不知道，在痛苦中，耐心能让言语保持甜美。

No tenían ni un ápice de paciencia ni la fuerza que suponía sufrir con gracia.

他们没有一丝耐心，也没有从忍受痛苦中获得力量。

Estaban rígidos por el dolor: les dolían los músculos, los huesos y el corazón.

他们因疼痛而僵硬——肌肉、骨头和心脏都在疼痛。

Por eso se volvieron afilados de lengua y rápidos para usar palabras ásperas.

因此，他们的言辞变得尖刻，而且容易说出恶毒的话。

Cada día comenzaba y terminaba con voces enojadas y amargas quejas.

每天的开始和结束都是在愤怒的声音和痛苦的抱怨中。

Charles y Hal discutían cada vez que Mercedes les daba una oportunidad.

只要梅赛德斯给他们机会，查尔斯和哈尔就会争吵起来。

Cada hombre creía que hacía más de lo que le correspondía en el trabajo.

每个人都认为自己所做的工作超过了自己应承担的份额。

Ninguno de los dos perdió la oportunidad de decirlo una y otra vez.

他们俩都不会错过一次又一次表达自己观点的机会。

A veces Mercedes se ponía del lado de Charles, a veces del lado de Hal.

有时梅赛德斯站在查尔斯一边，有时站在哈尔一边。

Esto dio lugar a una gran e interminable disputa entre los tres.

这导致三人之间爆发了一场巨大而无休止的争吵。

Una disputa sobre quién debería cortar leña se salió de control.

关于谁应该砍柴的争论愈演愈烈。

Pronto se nombraron padres, madres, primos y parientes muertos.

很快，父亲、母亲、表亲和已故亲属的名字就被列出来了。

Las opiniones de Hal sobre el arte o las obras de su tío se convirtieron en parte de la pelea.

哈尔对艺术的看法或他叔叔的戏剧成为了争论的一部分。

Las creencias políticas de Charles también entraron en el debate.

查尔斯的政治信仰也进入了争论之中。

Para Mercedes, incluso los chismes de la hermana de su marido parecían relevantes.

对于梅赛德斯来说，就连她丈夫姐姐的八卦似乎也与她有关。

Ella expresó sus opiniones sobre eso y sobre muchos de los defectos de la familia de Charles.

她对此以及查尔斯家族的许多缺点发表了自己的看法。

Mientras discutían, el fuego permaneció apagado y el campamento medio montado.

当他们争吵的时候，火还没有点燃，营地也只搭了一半。

Mientras tanto, los perros permanecieron fríos y sin comida.

与此同时，狗仍然处于寒冷之中，并且没有任何食物。

Mercedes tenía un motivo de queja que consideraba profundamente personal.

梅赛德斯心里怀着深深的个人怨恨。

Se sintió maltratada como mujer, negándole sus privilegios de gentileza.

她觉得自己作为一名女性受到了虐待，被剥夺了应有的温柔权利。

Ella era bonita y dulce, y acostumbrada a la caballerosidad toda su vida.

她美丽而温柔，一生都具有骑士精神。

Pero su marido y su hermano ahora la trataban con impaciencia.

但她的丈夫和兄弟现在对她很不耐烦。

Su costumbre era actuar con impotencia y comenzaron a quejarse.

她习惯于表现得无助，于是他们开始抱怨。

Ofendida por esto, les hizo la vida aún más difícil.

她因此而感到被冒犯，使他们的生活变得更加艰难。

Ella ignoró a los perros e insistió en montar ella misma el trineo.

她不理会狗，坚持自己骑雪橇。

Aunque parecía ligera de aspecto, pesaba ciento veinte libras.

虽然看上去很轻盈，但她的体重却有一百二十磅。

Esa carga adicional era demasiado para los perros hambrientos y débiles.

对于饥饿、虚弱的狗来说，额外的负担实在太重了。

Aún así, ella cabalgó durante días, hasta que los perros se desplomaron en las riendas.

尽管如此，她还是骑了好几天，直到狗在缰绳上倒下。

El trineo se detuvo y Charles y Hal le rogaron que caminara.

雪橇停了下来，查尔斯和哈尔恳求她走一走。

Ellos suplicaron y rogaron, pero ella lloró y los llamó crueles.

他们苦苦哀求，但她却哭泣着说他们残忍。

En una ocasión la sacaron del trineo con pura fuerza y enojo.

有一次，他们用蛮力和愤怒把她从雪橇上拉了下来。

Nunca volvieron a intentarlo después de lo que pasó aquella vez.

自从那次事件发生之后，他们就再也没有尝试过。

Ella se quedó flácida como un niño mimado y se sentó en la nieve.

她像一个被宠坏的孩子一样瘫软地坐在雪地里。

Ellos siguieron adelante, pero ella se negó a levantarse o seguirlos.

他们继续前行，但她拒绝起身或跟在后面。

Después de tres millas, se detuvieron, regresaron y la llevaron de regreso.

走了三英里后，他们停下来，又返回，并把她抬了回来。

La volvieron a cargar en el trineo, nuevamente usando la fuerza bruta.

他们再次用蛮力将她抬到雪橇上。

En su profunda miseria, fueron insensibles al sufrimiento de los perros.

在深深的痛苦中，他们对狗的痛苦无动于衷。

Hal creía que uno debía endurecerse y forzar esa creencia a los demás.

哈尔认为一个人必须变得坚强，并将这种信念强加于他人。

Primero intentó predicar su filosofía a su hermana.

他首先尝试向他的妹妹宣扬他的哲学

y luego, sin éxito, le predicó a su cuñado.

然后，他又向他的姐夫传道，但没有成功。

Tuvo más éxito con los perros, pero sólo porque los lastimaba.

他在训狗方面取得了更大的成功，但这只是因为他伤害了它们。

En Five Fingers, la comida para perros se quedó completamente sin comida.

在 Five Fingers，狗粮已经完全吃完了。

Una vieja india desdentada vendió unas cuantas libras de cuero de caballo congelado

一个没有牙齿的老女人卖了几磅冷冻马皮

Hal cambió su revólver por la piel de caballo seca.

哈尔用他的左轮手枪换了一张干马皮。

La carne había procedido de caballos hambrientos de ganaderos meses antes.

这些肉来自几个月前牧场主饿死的马。

Congelada, la piel era como hierro galvanizado: dura y incomestible.

冷冻后，兽皮就像镀锌的铁一样，坚硬且无法食用。

Los perros tenían que masticar sin parar la piel para poder comérsela.

狗必须不停地咀嚼兽皮才能吃掉它。

Pero las cuerdas correosas y el pelo corto no constituían apenas alimento.

但坚韧的绳索和短毛几乎不能提供任何营养。

La mayor parte de la piel era irritante y no era alimento en ningún sentido estricto.

大部分兽皮都具有刺激性，并且不是真正意义上的食物。

Y durante todo ese tiempo, Buck se tambaleaba al frente, como en una pesadilla.

而在整个过程中，巴克在前面摇摇晃晃，就像在一场噩梦中一样。

Tiraba cuando podía, y cuando no, se quedaba tendido hasta que un látigo o un garrote lo levantaban.

能拉的时候他就拉；不能拉的时候他就躺着，直到用鞭子或棍棒把他拉起来。

Su fino y brillante pelaje había perdido toda la rigidez y brillo que alguna vez tuvo.

他那细腻光滑的皮毛已经失去了昔日的坚硬和光泽。

Su cabello colgaba lacio, enmarañado y cubierto de sangre seca por los golpes.

他的头发松软、凌乱，上面沾满了被打后留下的干血。

Sus músculos se encogieron hasta convertirse en cuerdas y sus almohadillas de carne estaban todas desgastadas.

他的肌肉萎缩成条状，肉垫全部磨损。

Cada costilla, cada hueso se veía claramente a través de los pliegues de la piel arrugada.

每根肋骨、每根骨头都透过皱巴巴的皮肤清晰地显露出来。

Fue desgarrador, pero el corazón de Buck no podía romperse.

这令人心碎，但巴克的心却无法破碎。

El hombre del suéter rojo lo había probado y demostrado hacía mucho tiempo.

穿红毛衣的男人很久以前就测试过并证明了这一点。

Tal como sucedió con Buck, sucedió con el resto de sus compañeros de equipo.

巴克的情况如此，他剩下的队友也同样如此。

Eran siete en total, cada uno de ellos un esqueleto andante de miseria.

总共有七个，每一个都是行走的痛苦骷髅。

Se habían vuelto insensibles a los latigazos y solo sentían un dolor distante.

他们已经对鞭打麻木了，只感觉到遥远的痛苦。

Incluso la vista y el sonido les llegaban débilmente, como a través de una espesa niebla.

他们甚至连视觉和听觉都难以察觉，就像透过浓雾一样。

No estaban ni medio vivos: eran huesos con tenues chispas en su interior.

它们不再是半死不活的——
它们只是骨头，里面却闪烁着微弱的火花。

Al detenerse, se desplomaron como cadáveres y sus chispas casi desaparecieron.

当它们停下来时，它们就像尸体一样倒下，身上的火花几乎消失了。

Y cuando el látigo o el garrote volvían a golpear, las chispas revoloteaban débilmente.

当鞭子或棍棒再次击打时，火花就会无力地闪烁。

Entonces se levantaron, se tambalearon hacia adelante y arrastraron sus extremidades hacia delante.

然后他们站起身，蹒跚地向前走去，拖着四肢。

Un día el amable Billee se cayó y ya no pudo levantarse.

有一天，善良的比利倒下了，再也站不起来了。

Hal había cambiado su revólver, por lo que utilizó un hacha para matar a Billee.

哈尔已经换了他的左轮手枪，所以他用斧头杀死了比利。

Lo golpeó en la cabeza, luego le cortó el cuerpo y se lo llevó arrastrado.

他击打了那人的头部，然后把他的身体砍断并拖走。

Buck vio esto, y también los demás; sabían que la muerte estaba cerca.

巴克看到了这一幕，其他人也看到了；他们知道死亡即将来临。

Al día siguiente Koona se fue, dejando sólo cinco perros en el equipo hambriento.

第二天，库纳就走了，只留下五只饥饿的狗留在队伍里。

Joe, que ya no era malo, estaba demasiado perdido como para darse cuenta de gran cosa.

乔不再那么卑鄙，但他已经完全失去了意识。

Pike, que ya no fingía su lesión, estaba apenas consciente.

派克不再假装受伤，几乎失去了意识。

Solleks, todavía fiel, lamentó no tener fuerzas para dar.

索莱克斯仍然忠诚，他哀叹自己没有力量给予。

Teek fue el que más perdió porque estaba más fresco, pero su rendimiento se estaba agotando rápidamente.

蒂克之所以遭受打击最为严重，是因为他体能较为充沛，但状态却很快下滑。

Y Buck, todavía a la cabeza, ya no mantenía el orden ni lo hacía cumplir.

而巴克，仍然处于领先地位，不再维持秩序或执行秩序。

Medio ciego por la debilidad, Buck siguió el rastro sólo por el tacto.

由于虚弱，巴克几乎失去了视力，只能凭感觉追踪。

Era un hermoso clima primaveral, pero ninguno de ellos lo notó.

春天的天气真好，但他们却没有一个人注意到。

Cada día el sol salía más temprano y se ponía más tarde que el anterior.

每天太阳都比以前升得更早，落得更晚。

A las tres de la mañana ya había amanecido; el crepúsculo duró hasta las nueve.

凌晨三点，黎明到来；暮色一直持续到晚上九点。

Los largos días estuvieron llenos del resplandor del sol primaveral.

漫长的日子里，春日的阳光灿烂无比。

El silencio fantasmal del invierno se había transformado en un cálido murmullo.

冬日里幽灵般的寂静已变成温暖的低语。

Toda la tierra estaba despertando, viva con la alegría de los seres vivos.

整片大地都苏醒了，充满了生机勃勃的欢乐。

El sonido provenía de lo que había permanecido muerto e inmóvil durante el invierno.

这声音来自冬天里死寂的土地。

Ahora, esas cosas se movieron nuevamente, sacudiéndose el largo sueño helado.

现在，那些东西又动了起来，摆脱了漫长的霜冻沉睡。

La savia subía a través de los oscuros troncos de los pinos que esperaban.

树液正从等待的松树的黑色树干中涌出。

Los sauces y los álamos brotan brillantes y jóvenes brotes en cada ramita.

柳树和白杨树的每根小枝上都冒出了鲜艳的嫩芽。

Los arbustos y las enredaderas se vistieron de un verde fresco a medida que el bosque cobraba vida.

树林里充满了生机，灌木和藤蔓也披上了新的绿装。

Los grillos cantaban por la noche y los insectos se arrastraban bajo el sol del día.

蟋蟀在夜晚鸣叫，虫子在白天阳光下爬行。

Las perdices graznaban y los pájaros carpinteros picoteaban en lo profundo de los árboles.

鹧鸪鸣叫，啄木鸟在树丛深处啄木。

Las ardillas parloteaban, los pájaros cantaban y los gansos graznaban al hablarles a los perros.

松鼠叽叽喳喳，鸟儿歌唱，鹅在狗的叫声中鸣叫。

Las aves silvestres llegaron en grupos afilados, volando desde el sur.

野禽成群结队，从南方飞来。

De cada ladera llegaba la música de arroyos ocultos y caudalosos.

每座山坡上都传来隐秘的、奔腾的溪水的音乐。

Todas las cosas se descongelaron y se rompieron, se doblaron y volvieron a ponerse en movimiento.

一切事物都解冻、断裂、弯曲，然后重新开始运动。

El Yukón se esforzó por romper las frías cadenas del hielo congelado.

育空河竭尽全力挣脱冰冻冰层的束缚。

El hielo se derritió desde abajo, mientras que el sol lo derritió desde arriba.

冰在下面融化，而太阳从上面融化它。

Se abrieron agujeros de aire, se abrieron grietas y algunos trozos cayeron al río.

气孔打开，裂缝扩大，大块碎石掉入河中。

En medio de toda esta vida frenética y llameante, los viajeros se tambaleaban.

在这片生机勃勃、绚烂夺目的生命中，旅人们步履蹒跚。

Dos hombres, una mujer y una jauría de perros esquimales caminaban como muertos.

两个男人、一个女人和一群哈士奇像死人一样行走。

Los perros caían, Mercedes lloraba, pero seguía montando el trineo.

狗不断摔倒，梅赛德斯哭了，但仍然骑着雪橇。

Hal maldijo débilmente y Charles parpadeó con los ojos llorosos.

哈尔无力地咒骂了一句，查尔斯则眨着泪眼。

Se toparon con el campamento de John Thornton junto a la desembocadura del río Blanco.

他们跌跌撞撞地闯入了怀特河河口附近的约翰·桑顿的营地。

Cuando se detuvieron, los perros cayeron al suelo, como si todos hubieran muerto.

当他们停下来时，狗就倒下了，好像全部死了一样。

Mercedes se secó las lágrimas y miró a John Thornton.

梅赛德斯擦干眼泪，看着约翰·桑顿。

Charles se sentó en un tronco, lenta y rígidamente, dolorido por el camino.

查尔斯坐在一根圆木上，动作缓慢而僵硬，因为走了这么远的路而感到疼痛。

Hal habló mientras Thornton tallaba el extremo del mango de un hacha.

当桑顿雕刻斧柄末端时，哈尔负责讲话。

Él tallaba madera de abedul y respondía con respuestas breves y firmes.

他削着桦木，并给出了简短而坚定的回答。

Cuando se le preguntó, dio consejos, seguro de que no serían seguidos.

当被问及时，他给出了建议，但肯定不会被采纳。

Hal explicó: "Nos dijeron que el hielo del sendero se estaba desprendiendo".

哈尔解释说："他们告诉我们，路上的冰正在融化。"

Dijeron que nos quedáramos allí, pero llegamos a White River.

"他们说我们应该留在原地——
但我们还是到达了白河。"

Terminó con un tono burlón, como para proclamar la victoria en medio de las dificultades.

他最后用一种嘲讽的语气说道，仿佛在宣告苦难中的胜利。

—Y te dijeron la verdad —respondió John Thornton a Hal en voz baja.

"他们告诉你的是真的，"约翰·桑顿平静地回答哈尔。

"El hielo puede ceder en cualquier momento; está a punto de desprenderse".

"冰随时可能崩塌——它随时都会掉下来。"

"Solo la suerte ciega y los tontos pudieron haber llegado tan lejos con vida".

"只有盲目的运气和傻瓜才能活着走到今天。"

"Te lo digo directamente: no arriesgaría mi vida ni por todo el oro de Alaska".

"我实话告诉你，我不会为了阿拉斯加的所有黄金而冒生命危险。"

—Supongo que es porque no eres tonto —respondió Hal.

"我想那是因为你不是傻瓜，"哈尔回答道。

—De todos modos, seguiremos hasta Dawson. —Desenrolló el látigo.

"不管怎样，我们还是要去道森。"他解开了鞭子。

—¡Sube, Buck! ¡Hola! ¡Sube! ¡Vamos! —gritó con dureza.

"快上来，巴克！嗨！起来！快！"他厉声喊道。

Thornton siguió tallando madera, sabiendo que los tontos no escucharían razones.

桑顿继续削木头，他知道傻瓜不会听道理。

Detener a un tonto era inútil, y dos o tres tontos no cambiaban nada.

阻止一个傻瓜是徒劳的——
两三个傻瓜被骗也改变不了什么。

Pero el equipo no se movió ante la orden de Hal.
但听到哈尔的命令，队伍却没有动。

A estas alturas, sólo los golpes podían hacerlos levantarse y avanzar.
现在，只有打击才能让他们站起来并向前迈进。

El látigo golpeó una y otra vez a los perros debilitados.
鞭子一次又一次地抽打着那些虚弱的狗。

John Thornton apretó los labios con fuerza y observó en silencio.
约翰·桑顿紧闭双唇，默默地看着。

Solleks fue el primero en ponerse de pie bajo el látigo.
索莱克斯第一个在鞭子下爬起来。

Entonces Teek lo siguió, temblando. Joe gritó al tambalearse.
蒂克也跟着他，浑身颤抖。乔跟跄着爬起来，发出一声尖叫。

Pike intentó levantarse, falló dos veces y finalmente se mantuvo en pie, tambaleándose.
派克尝试站起来，失败了两次，最后摇摇晃晃地站了起来。

Pero Buck yacía donde había caído, sin moverse en absoluto este momento.
但巴克躺在倒下的地方，一动不动。

El látigo lo golpeaba una y otra vez, pero él no emitía ningún sonido.
鞭子一遍遍地抽打着他，但他却没有发出任何声音。

Él no se inmutó ni se resistió, simplemente permaneció quieto y en silencio.
他没有退缩或反抗，只是保持静止和安静。

Thornton se movió más de una vez, como si fuera a hablar, pero no lo hizo.
桑顿动了好几次，似乎想说话，但又没有说。

Sus ojos se humedecieron y el látigo siguió golpeando contra Buck.

他的眼睛湿润了，但鞭子仍然抽打着巴克。

Finalmente, Thornton comenzó a caminar lentamente, sin saber qué hacer.

最后，桑顿开始慢慢地踱步，不知道该做什么。

Era la primera vez que Buck fallaba y Hal se puso furioso.

这是巴克第一次失败，哈尔非常愤怒。

Dejó el látigo y en su lugar tomó el pesado garrote.

他扔掉鞭子，拿起沉重的棍棒。

El palo de madera cayó con fuerza, pero Buck todavía no se levantó para moverse.

木棍重重地砸了下来，但巴克仍然没有起身动弹。

Al igual que sus compañeros de equipo, era demasiado débil, pero más que eso.

和他的队友一样，他太弱了——但还不止于此。

Buck había decidido no moverse, sin importar lo que sucediera después.

巴克决定不管接下来发生什么，都不动。

Sintió algo oscuro y seguro flotando justo delante.

他感觉到前方有某种黑暗而确定的东西在徘徊。

Ese miedo se apoderó de él tan pronto como llegó a la orilla del río.

他一到达河岸就感到恐惧。

La sensación no lo había abandonado desde que sintió el hielo fino bajo sus patas.

自从他感觉到爪子下的冰变薄以来，这种感觉就一直没有消失。

Algo terrible lo esperaba; lo sintió más allá del camino.

某种可怕的事情正在等待着他——
他感觉到它就在小路的尽头。

No iba a caminar hacia esa cosa terrible que había delante.

他不会走向前面那个可怕的东西

Él no iba a obedecer ninguna orden que lo llevara a esa cosa.

他不会服从任何带他去做那件事的命令。

El dolor de los golpes apenas lo afectaba ahora: estaba demasiado lejos.

现在他几乎感觉不到打击的痛苦了——
他已经筋疲力尽了。

La chispa de la vida parpadeaba débilmente y se apagaba
bajo cada golpe cruel.
生命的火花在每一次残酷的打击下都摇曳不定，变得
暗淡。

Sus extremidades se sentían distantes; su cuerpo entero
parecía pertenecer a otro.
他的四肢感觉很遥远；他的整个身体似乎属于另一个
人。

Sintió un extraño entumecimiento mientras el dolor
desapareció por completo.
当疼痛完全消失时，他感到一种奇怪的麻木感。

Desde lejos, sentía que lo golpeaban, pero apenas lo sabía.
从很远的地方，他就感觉到自己被打败了，但几乎不
知道。

Podía oír los golpes débilmente, pero ya no dolían
realmente.
他能隐隐听到砰砰的声音，但已经不再感到疼痛了。

Los golpes dieron en el blanco, pero su cuerpo ya no parecía
el suyo.
打击仍在，但他的身体似乎不再是他自己的了。

Entonces, de repente y sin previo aviso, John Thornton lanzó
un grito salvaje.
突然，没有任何预兆，约翰·桑顿发出一声狂野的叫
喊。

Era un grito inarticulado, más el grito de una bestia que el de
un hombre.
它的声音含糊不清，与其说是人的叫声，不如说是野
兽的叫声。

Saltó hacia el hombre con el garrote y tiró a Hal hacia atrás.
他向手持棍棒的男子扑去，并将哈尔击退。

Hal voló como si lo hubiera golpeado un árbol y aterrizó con
fuerza en el suelo.

哈尔像被树击中一样飞了出去，重重地摔在地上。

Mercedes gritó en pánico y se llevó las manos a la cara.

梅赛德斯惊慌地大声尖叫并捂住自己的脸。

Charles se limitó a mirar, se secó los ojos y permaneció sentado.

查尔斯只是看着，擦了擦眼睛，然后坐着。

Su cuerpo estaba demasiado rígido por el dolor para levantarse o ayudar en la pelea.

他的身体因疼痛而僵硬，无法站起来或参与战斗。

Thornton se quedó de pie junto a Buck, temblando de furia, incapaz de hablar.

桑顿站在巴克身边，气得浑身发抖，说不出话来。

Se estremeció de rabia y luchó por encontrar su voz a través de ella.

他愤怒得浑身发抖，努力发出自己的声音。

—Si vuelves a golpear a ese perro, te mataré —dijo finalmente.

"如果你再打那条狗，我就杀了你，"他最后说道。

Hal se limpió la sangre de la boca y volvió a avanzar.

哈尔擦掉嘴上的血，再次走上前来。

—Es mi perro —murmuró—. ¡Quítate del medio o te curaré!

"这是我的狗，"他低声说道，"走开，不然我就揍你。"

"Voy a Dawson y no me lo vas a impedir", añadió.

"我要去道森，你别阻止我，"他补充道。

Thornton se mantuvo firme entre Buck y el joven enojado.

桑顿坚定地站在巴克和愤怒的年轻人之间。

No tenía intención de hacerse a un lado o dejar pasar a Hal.

他没有让开或让哈尔过去的意思。

Hal sacó su cuchillo de caza, largo y peligroso en la mano.

哈尔拔出手中那把又长又危险的猎刀。

Mercedes gritó, luego lloró y luego rió con una histeria salvaje.

梅赛德斯尖叫起来，然后哭泣，最后歇斯底里地大笑起来。

Thornton golpeó la mano de Hal con el mango de su hacha, fuerte y rápido.

桑顿用斧头柄猛烈而快速地击打哈尔的手。

El cuchillo se soltó del agarre de Hal y voló al suelo.

刀从哈尔手中脱落，飞落到地上。

Hal intentó recoger el cuchillo y Thornton volvió a golpearle los nudillos.

哈尔试图拿起刀，桑顿再次敲击他的指尖节。

Entonces Thornton se agachó, agarró el cuchillo y lo sostuvo.

然后桑顿弯下腰，抓起刀，握住它。

Con dos rápidos golpes del mango del hacha, cortó las riendas de Buck.

他用斧柄快速砍了两下，砍断了巴克的缰绳。

Hal ya no tenía fuerzas para luchar y se apartó del perro.

哈尔再也没有抵抗的迹象，他从狗身边退了回去。

Además, Mercedes necesitaba ahora ambos brazos para mantenerse erguida.

此外，梅赛德斯现在需要双臂来保持直立。

Buck estaba demasiado cerca de la muerte como para volver a ser útil para tirar de un trineo.

巴克已经濒临死亡，无法再拉雪橇了。

Unos minutos después, se marcharon y se dirigieron río abajo.

几分钟后，他们起航，顺流而下。

Buck levantó la cabeza débilmente y los observó mientras salían del banco.

巴克无力地抬起头，目送他们离开银行。

Pike lideró el equipo, con Solleks en la parte trasera, al volante.

派克（Pike）带领团队，索莱克斯（Solleks）则在队伍后方担任方向盘手。

Joe y Teek caminaron entre ellos, ambos cojeando por el cansancio.

乔和蒂克走在中间，两人都因疲惫而一瘸一拐。

Mercedes se sentó en el trineo y Hal agarró el largo palo.

梅赛德斯坐在雪橇上，哈尔则紧握着长长的北极熊杆。

Charles se tambaleó detrás, sus pasos torpes e inseguros.

查尔斯跌跌撞撞地跟在后面，脚步笨拙而蹒跚。

Thornton se arrodilló junto a Buck y buscó con delicadeza los huesos rotos.

桑顿跪在巴克身边，轻轻地摸索着他断裂的骨头。

Sus manos eran ásperas pero se movían con amabilidad y cuidado.

他的双手粗糙，却充满善良和关怀。

El cuerpo de Buck estaba magullado pero no mostraba lesiones duraderas.

巴克的身体受了伤，但没有留下永久的伤痕。

Lo que quedó fue un hambre terrible y una debilidad casi total.

剩下的只有极度的饥饿和近乎完全的虚弱。

Cuando esto quedó claro, el trineo ya había avanzado mucho río abajo.

等到一切明朗起来时，雪橇已经顺着河流走了很远。

El hombre y el perro observaron cómo el trineo se deslizaba lentamente sobre el hielo agrietado.

男人和狗看着雪橇慢慢地爬过龟裂的冰面。

Luego vieron que el trineo se hundía en un hueco.

然后，他们看到雪橇陷入了一个凹陷中。

El mástil voló hacia arriba, con Hal todavía aferrándose a él en vano.

导航杆飞了起来，哈尔仍然徒劳地抓住它。

El grito de Mercedes les llegó a través de la fría distancia.

梅赛德斯的尖叫声穿过寒冷的距离传到了他们耳中。

Charles se giró y dio un paso atrás, pero ya era demasiado tarde.

查尔斯转身向后退——但是已经太迟了。

Una capa de hielo entera cedió y todos ellos cayeron al suelo.

整个冰盖崩塌了，他们都掉了下去。

Los perros, los trineos y las personas desaparecieron en el agua negra que había debajo.

狗、雪橇和人们都消失在下面的黑色水中。

En el hielo por donde habían pasado sólo quedaba un amplio agujero.

他们经过的地方，冰面上只留下了一个大洞。

El sendero se había hundido por completo, tal como Thornton había advertido.

正如桑顿警告的那样，小路的底部已经塌陷。

Thornton y Buck se miraron el uno al otro y guardaron silencio por un momento.

桑顿和巴克互相看了一眼，沉默了一会儿。

—Pobre diablo —dijo Thornton suavemente, y Buck le lamió la mano.

"你这个可怜的家伙，"桑顿轻声说道，巴克舔了舔他的手。

Por el amor de un hombre
为了男人的爱

John Thornton se congeló los pies en el frío del diciembre anterior.

去年 12 月的寒冷让约翰·桑顿的脚冻伤了。

Sus compañeros lo hicieron sentir cómodo y lo dejaron recuperarse solo.

他的伙伴们让他感到舒适并让他独自康复。

Subieron al río para recoger una balsa de troncos para aserrar para Dawson.

他们沿河而上，为道森收集了一筏锯木。

Todavía cojeaba ligeramente cuando rescató a Buck de la muerte.

当他把巴克从死亡线上救回来时，他仍然有些跛行。

Pero como el clima cálido continuó, incluso esa cojera desapareció.

但随着天气持续变暖，连那种跛行也消失了。

Durante los largos días de primavera, Buck descansaba a orillas del río.

漫长的春日里，巴克躺在河岸边休息。

Observó el agua fluir y escuchó a los pájaros y a los insectos.

他看着流水，聆听鸟鸣虫叫。

Lentamente, Buck recuperó su fuerza bajo el sol y el cielo.

在阳光和天空的照耀下，巴克慢慢地恢复了体力。

Un descanso fue maravilloso después de viajar tres mil millas.

旅途三千里之后，休息一下感觉真好。

Buck se volvió perezoso a medida que sus heridas sanaban y su cuerpo se llenaba.

随着伤口的愈合和身体的长大，巴克变得懒惰起来。

Sus músculos se reafirmaron y la carne volvió a cubrir sus huesos.

他的肌肉变得结实，血肉重新覆盖住他的骨头。

Todos estaban descansando: Buck, Thornton, Skeet y Nig.

他们都在休息——巴克、桑顿、斯基特和尼格。

Esperaron la balsa que los llevaría a Dawson.

他们等待着载他们去道森的木筏。

Skeet era un pequeño setter irlandés que se hizo amigo de Buck.

斯基特是一只小爱尔兰塞特犬，它和巴克是好朋友。

Buck estaba demasiado débil y enfermo para resistirse a ella en su primer encuentro.

第一次见面时，巴克因身体虚弱、病情严重而无法拒绝她。

Skeet tenía el rasgo de sanador que algunos perros poseen naturalmente.

斯基特具有某些狗天生具有的治疗特质。

Como una gata madre, lamió y limpió las heridas abiertas de Buck.

就像一只母猫一样，她舔舐并清理巴克的伤口。

Todas las mañanas, después del desayuno, repetía su minucioso trabajo.

每天早晨吃完早餐后，她又重复着细致的工作。

Buck llegó a esperar su ayuda tanto como la de Thornton.

巴克开始期待她的帮助，就像他期待桑顿的帮助一样。

Nig también era amigable, pero menos abierto y menos cariñoso.

Nig 也很友好，但不太开放，也不太热情。

Nig era un perro grande y negro, mitad sabueso y mitad lebrel.

尼格是一只大黑狗，一半是猎犬，一半是猎鹿犬。

Tenía ojos sonrientes y un espíritu bondadoso sin límites.

他有着爱笑的眼睛和无尽的善良。

Para sorpresa de Buck, ninguno de los perros mostró celos hacia él.

令巴克惊讶的是，两只狗都没有对他表现出嫉妒。

Tanto Skeet como Nig compartieron la amabilidad de John Thornton.

Skeet 和 Nig 都秉承了 John Thornton 的善良。

A medida que Buck se hacía más fuerte, lo atrajeron hacia juegos de perros tontos.

随着巴克变得越来越强壮，他们引诱他参与愚蠢的狗游戏。

Thornton también jugaba a menudo con ellos, incapaz de resistirse a su alegría.

桑顿也经常和它们一起玩耍，无法抗拒它们的快乐。

De esta manera lúdica, Buck pasó de la enfermedad a una nueva vida.

巴克就这样嬉戏的方式从病痛中走向了新生。

El amor, el amor verdadero, ardiente y apasionado, finalmente era suyo.

他终于得到了爱情——真挚、炽热、热烈的爱情。

Nunca había conocido ese tipo de amor en la finca de Miller.

他在米勒的庄园里从未感受到过这种爱。

Con los hijos del Juez había compartido trabajo y aventuras.

他与法官的儿子们一起工作、一起冒险。

En los nietos vio un orgullo rígido y jactancioso.

在这些孙子身上，他看到了僵硬而自负的骄傲。

Con el propio juez Miller mantuvo una amistad respetuosa.

他与米勒法官本人保持着令人尊敬的友谊。

Pero el amor que era fuego, locura y adoración llegó con Thornton.

但桑顿却对爱情充满了热情、疯狂和崇拜。

Este hombre había salvado la vida de Buck, y eso solo significaba mucho.

这个人救了巴克的命，仅此一点就意义重大。

Pero más que eso, John Thornton era el tipo de maestro ideal.

但更重要的是，约翰·桑顿是一位理想的大师。

Otros hombres cuidaban perros por obligación o necesidad laboral.

其他人则出于职责或业务需要而照顾狗。

John Thornton cuidaba a sus perros como si fueran sus hijos.

约翰·桑顿照顾他的狗就像照顾自己的孩子一样。

Él se preocupaba por ellos porque los amaba y simplemente no podía evitarlo.

他关心他们，因为他爱他们，而且他根本就无法控制自己。

John Thornton vio incluso más lejos de lo que la mayoría de los hombres lograron ver.

约翰·桑顿的眼光比大多数人看得更远。

Nunca se olvidó de saludarlos amablemente o decirles alguna palabra de aliento.

他从不忘记热情地问候他们，或者说一句鼓励的话。

Le encantaba sentarse con los perros para tener largas charlas, o "gases", como él decía.

他喜欢和狗坐在一起长谈，或者用他的话说，"聊聊天"。

Le gustaba agarrar bruscamente la cabeza de Buck entre sus fuertes manos.

他喜欢用强壮的手粗鲁地抓住巴克的头。

Luego apoyó su cabeza contra la de Buck y lo sacudió suavemente.

然后他把自己的头靠在巴克的头上，轻轻地摇晃着他。

Mientras tanto, él llamaba a Buck con nombres groseros que significaban amor para Buck.

他一直用粗鲁的名字辱骂巴克，但对巴克来说，这其实是爱。

Para Buck, ese fuerte abrazo y esas palabras le trajeron una profunda alegría.

对于巴克来说，那个粗暴的拥抱和那些话语给他带来了深深的快乐。

Su corazón parecía latir con fuerza de felicidad con cada movimiento.

他的每一个动作都让他的心快乐得仿佛要跳起来。

Cuando se levantó de un salto, su boca parecía como si se estuviera riendo.

当他随后跳起来时，他的嘴看起来像是在笑。

Sus ojos brillaban intensamente y su garganta temblaba con una alegría tácita.

他的眼睛闪闪发光，喉咙因无言的喜悦而颤抖。

Su sonrisa se detuvo en ese estado de emoción y afecto resplandeciente.

在那种激动和炽热的爱意中，他的笑容静止不动。

Entonces Thornton exclamó pensativo: "¡Dios! ¡Casi puede hablar!"

然后桑顿若有所思地惊呼道："天哪！他几乎能说话了！"

Buck tenía una extraña forma de expresar amor que casi causaba dolor.

巴克表达爱的方式很奇怪，几乎会造成痛苦。

A menudo apretaba muy fuerte la mano de Thornton entre los dientes.

他经常用牙齿紧紧咬住桑顿的手。

La mordedura iba a dejar marcas profundas que permanecerían durante algún tiempo.

咬伤会留下深深的痕迹，并且会持续一段时间。

Buck creía que esos juramentos eran de amor y Thornton lo sabía también.

巴克相信这些誓言就是爱，桑顿也这么认为。

La mayoría de las veces, el amor de Buck se demostraba en una adoración silenciosa, casi silenciosa.

大多数时候，巴克的爱表现为安静、几乎无声的崇拜。

Aunque se emocionaba cuando lo tocaban o le hablaban, no buscaba atención.

尽管当被触摸或被说话时他很兴奋，但他并不寻求关注。

Skeet empujó su nariz bajo la mano de Thornton hasta que él la acarició.

斯基特用鼻子轻轻推着桑顿的手，直到他抚摸她。

Nig se acercó en silencio y apoyó su gran cabeza en la rodilla de Thornton.

尼格静静地走上前去，将他的大脑袋靠在桑顿的膝盖上。

Buck, por el contrario, se conformaba con amar desde una distancia respetuosa.

相比之下，巴克满足于保持距离去爱。

Durante horas permaneció tendido a los pies de Thornton, alerta y observando atentamente.

他连续几个小时躺在桑顿的脚边，保持警惕并密切观察。

Buck estudió cada detalle del rostro de su amo y su más mínimo movimiento.

巴克仔细观察主人脸上的每一个细节和最细微的动作。

O yacía más lejos, estudiando la figura del hombre en silencio.

或者躺在更远的地方，默默地观察着那个男人的身影。

Buck observó cada pequeño movimiento, cada cambio de postura o gesto.

巴克观察着每一个细微的动作、每一个姿势或手势的变化。

Tan poderosa era esta conexión que a menudo atraía la mirada de Thornton.

这种联系如此强大，常常吸引桑顿的目光。

Sostuvo la mirada de Buck sin palabras, pero el amor brillaba claramente a través de ella.

他无言地看着巴克的眼睛，眼中却闪耀着爱意。

Durante mucho tiempo después de ser salvado, Buck nunca perdió de vista a Thornton.

获救后很长一段时间，巴克都没有让桑顿离开他的视线。

Cada vez que Thornton salía de la tienda, Buck lo seguía de cerca afuera.

每当桑顿离开帐篷时，巴克都会紧紧跟随他出去。

Todos los amos severos de las Tierras del Norte habían hecho que Buck tuviera miedo de confiar.

北国所有严酷的主人都让巴克不敢相信。

Temía que ningún hombre pudiera seguir siendo su amo durante más de un corto tiempo.

他担心没有人能够长期担任他的主人。

Temía que John Thornton desapareciera como Perrault y François.

他担心约翰·桑顿会像佩罗和弗朗索瓦一样消失。

Incluso por la noche, el miedo a perderlo acechaba el sueño inquieto de Buck.

甚至在晚上，失去他的恐惧仍然困扰着巴克不安的睡眠。

Cuando Buck se despertó, salió a escondidas al frío y fue a la tienda de campaña.

巴克醒来后，便蹑手蹑脚地走进寒冷的帐篷。

Escuchó atentamente el suave sonido de la respiración en su interior.

他仔细聆听里面轻微的呼吸声。

A pesar del profundo amor de Buck por John Thornton, lo salvaje siguió vivo.

尽管巴克深爱着约翰·桑顿，但荒野依然存在。

Ese instinto primitivo, despertado en el Norte, no desapareció.

在北方被唤醒的原始本能并没有消失。

El amor trajo devoción, lealtad y el cálido vínculo del fuego.

爱情带来奉献、忠诚和炉边的温暖纽带。

Pero Buck también mantuvo sus instintos salvajes, agudos y siempre alerta.

但巴克也保留着他的野性本能，敏锐而警惕。

No era sólo una mascota domesticada de las suaves tierras de la civilización.

他不仅仅是一只来自文明柔软土地的驯服宠物。

Buck era un ser salvaje que había venido a sentarse junto al fuego de Thornton.

巴克是个野人，他来到桑顿的火堆旁坐着。

Parecía un perro del Sur, pero en su interior vivía lo salvaje.

他看上去像一条南国狗，但内心却充满野性。

Su amor por Thornton era demasiado grande como para permitirle robarle algo.

他对桑顿的爱太深了，他不允许桑顿偷窃他的东西。

Pero en cualquier otro campamento, robaría con valentía y sin pausa.

但在任何其他营地，他都会大胆地、毫不犹豫地偷窃。

Era tan astuto al robar que nadie podía atraparlo ni acusarlo.

他偷窃非常聪明，所以没有人能抓住他或指控他。

Su rostro y su cuerpo estaban cubiertos de cicatrices de muchas peleas pasadas.

他的脸上和身上布满了过去多次战斗留下的伤疤。

Buck seguía luchando con fiereza, pero ahora luchaba con más astucia.

巴克的战斗依然凶猛，但现在他的战斗更加狡猾。

Skeet y Nig eran demasiado amables para pelear, y eran de Thornton.

Skeet 和 Nig
性格太温和，不适合打架，而且他们是 Thornton 的。

Pero cualquier perro extraño, por fuerte o valiente que fuese, cedía.

但任何陌生的狗，无论多么强壮或勇敢，都会屈服。

De lo contrario, el perro se encontraría luchando contra Buck; luchando por su vida.

否则，这只狗就会发现自己正在与巴克搏斗；为自己的生命而战。

Buck no tuvo piedad una vez que decidió pelear contra otro perro.

一旦巴克选择与另一只狗打架，它就不会留情面。

Había aprendido bien la ley del garrote y el colmillo en las Tierras del Norte.

他在北国已经很好地学会了棍棒和尖牙的法则。

Él nunca renunció a una ventaja y nunca se retractó de la batalla.

他从不放弃优势，也从不退缩。

Había estudiado a los Spitz y a los perros más feroces del correo y de la policía.

他研究过斯皮茨犬以及最凶猛的邮犬和警犬。

Sabía claramente que no había término medio en un combate salvaje.

他很清楚，野外战斗中没有中间地带。

Él debía gobernar o ser gobernado; mostrar misericordia significaba mostrar debilidad.

他必须统治，否则就被统治；表现出仁慈就意味着表现出软弱。

Mercy era una desconocida en el crudo y brutal mundo de la supervivencia.

在残酷而原始的生存世界中，仁慈是不存在的。

Mostrar misericordia era visto como miedo, y el miedo conducía rápidamente a la muerte.

表现出仁慈会被视为恐惧，而恐惧很快就会导致死亡。

La antigua ley era simple: matar o ser asesinado, comer o ser comido.

旧法律很简单：杀或被杀，吃或被吃。

Esa ley vino desde las profundidades del tiempo, y Buck la siguió plenamente.

这条法则源自时间的深处，而巴克也完全遵循了它。

Buck era mayor que su edad y el número de respiraciones que tomaba.

巴克的年龄比他的实际年龄和呼吸次数要大。

Conectó claramente el pasado antiguo con el momento presente.

他将古老的过去与现在清晰地联系在一起。

Los ritmos profundos de las épocas lo atravesaban como
mareas.

时代的深沉韵律如同潮水般涌过他的心头。

El tiempo latía en su sangre con la misma seguridad con la
que las estaciones movían la tierra.

时间在他的血液中跳动，就如季节在地球上移动一样
。

Se sentó junto al fuego de Thornton, con el pecho fuerte y
los colmillos blancos.

他坐在桑顿的火堆旁，胸膛强健，牙齿洁白。

Su largo pelaje ondeaba, pero detrás de él los espíritus de los
perros salvajes observaban.

他的长毛飘扬，但在他身后，野狗的灵魂注视着他。

Lobos medio y lobos completos se agitaron dentro de su
corazón y sus sentidos.

半狼与全狼在他的内心和感官中激荡。

Probaron su carne y bebieron la misma agua que él.

他们尝了他的肉，喝了和他一样的水。

Olfatearon el viento junto a él y escucharon el bosque.

他们和他一起嗅着风的气息，聆听着森林的声音。

Susurraron los significados de los sonidos salvajes en la
oscuridad.

他们在黑暗中低声诉说着野外声音的含义。

Ellos moldearon sus estados de ánimo y guiaron cada una de
sus reacciones tranquilas.

它们塑造了他的情绪并引导他的每一个安静的反应。

Se quedaron con él mientras dormía y se convirtieron en
parte de sus sueños más profundos.

它们在他睡觉时陪伴着他，成为他深梦的一部分。

Soñaron con él, más allá de él, y constituyeron su propio
espíritu.

他们与他一起做梦，超越他，构成了他的精神。

Los espíritus de la naturaleza llamaron con tanta fuerza que
Buck se sintió atraído.

野性之灵的召唤如此强烈，巴克感觉自己被拉扯着。

Cada día, la humanidad y sus reivindicaciones se debilitaban más en el corazón de Buck.

在巴克的心里，人类和人类的诉求一天天变得越来越薄弱。

En lo profundo del bosque, un llamado extraño y emocionante estaba por surgir.

森林深处，一阵诡异而又惊心动魄的呼唤即将响起。

Cada vez que escuchaba el llamado, Buck sentía un impulso que no podía resistir.

每次听到这个呼唤，巴克就会感到一种无法抗拒的冲动。

Él iba a alejarse del fuego y de los caminos humanos trillados.

他要远离火海，远离人间的道路。

Iba a adentrarse en el bosque, avanzando sin saber por qué.

他就要冲进森林，不知道为什么就向前走去。

Él no cuestionó esta atracción porque el llamado era profundo y poderoso.

他没有质疑这种吸引力，因为这种吸引力深沉而强大。

A menudo, alcanzaba la sombra verde y la tierra suave e intacta.

他常常到达绿荫和柔软的、未被触及的土地

Pero entonces el fuerte amor por John Thornton lo atrajo de nuevo al fuego.

但随后对约翰·桑顿的强烈爱意又把他拉回到了火堆旁。

Sólo John Thornton realmente pudo sostener en sus manos el corazón salvaje de Buck.

只有约翰·桑顿真正掌握了巴克狂野的心。

El resto de la humanidad no tenía ningún valor o significado duradero para Buck.

其余人类对巴克来说没有任何持久的价值或意义。

Los extraños podrían elogiarlo o acariciar su pelaje con manos amistosas.

陌生人可能会称赞他或用友好的手抚摸他的皮毛。

Buck permaneció impasible y se alejó por demasiado afecto.

巴克不为所动，因受到过多的爱抚而走开了。

Hans y Pete llegaron con la balsa que habían esperado durante tanto tiempo.

汉斯和皮特带着期待已久的木筏来了

Buck los ignoró hasta que supo que estaban cerca de Thornton.

巴克一直没有理会他们，直到他得知他们离桑顿很近。

Después de eso, los toleró, pero nunca les mostró total calidez.

此后，他容忍了他们，但从未向他们表现出完全的热情。

Él aceptaba comida o gentileza de ellos como si les estuviera haciendo un favor.

他接受他们的食物或善意，就好像在给他们做一件好事一样。

Eran como Thornton: sencillos, honestos y claros en sus pensamientos.

他们就像桑顿一样——单纯、诚实、思维清晰。

Todos juntos viajaron al aserradero de Dawson y al gran remolino.

他们一起去了道森的锯木厂和大漩涡

En su viaje aprendieron a comprender profundamente la naturaleza de Buck.

在旅途中，他们深刻理解了巴克的本性。

No intentaron acercarse como lo habían hecho Skeet y Nig.

他们并没有像 Skeet 和 Nig 那样试图变得亲密。

Pero el amor de Buck por John Thornton solo se profundizó con el tiempo.

但巴克对约翰·桑顿的爱随着时间的推移而加深。

Sólo Thornton podía colocar una mochila en la espalda de Buck en el verano.

只有桑顿能够在夏天把背包放在巴克的背上。

Cualquiera que fuera lo que Thornton ordenaba, Buck estaba dispuesto a hacerlo a cabalidad.

无论桑顿命令什么，巴克都愿意完全执行。

Un día, después de que dejaron Dawson hacia las cabeceras del río Tanana,

有一天，他们离开道森前往塔纳纳河源头后，

El grupo se sentó en un acantilado que caía un metro hasta el lecho rocoso desnudo.

这群人坐在一处悬崖上，悬崖下三英尺，露出裸露的基岩。

John Thornton se sentó cerca del borde y Buck descansó a su lado.

约翰·桑顿坐在边缘附近，巴克在他旁边休息。

Thornton tuvo una idea repentina y llamó la atención de los hombres.

桑顿突然想到一个主意，并引起了人们的注意。

Señaló hacia el otro lado del abismo y le dio a Buck una única orden.

他指着峡谷对面，向巴克发出了一个简单的命令。

—¡Salta, Buck! —dijo, extendiendo el brazo por encima del precipicio.

"跳，巴克！"他一边说，一边把手臂挥向悬崖。

En un momento, tuvo que agarrar a Buck, quien estaba saltando para obedecer.

一会儿，他必须抓住巴克，巴克正跳起来服从命令。

Hans y Pete corrieron hacia adelante y los pusieron a ambos a salvo.

汉斯和皮特冲上前去，把两人拉回了安全地带。

Cuando todo terminó y recuperaron el aliento, Pete habló.

一切结束后，他们都松了一口气，皮特开口说话了。

"El amor es extraño", dijo, conmocionado por la feroz devoción del perro.

"这种爱太不可思议了，"他说道，这只狗的强烈忠诚让他很感动。

Thornton meneó la cabeza y respondió con seriedad y calma.

桑顿摇摇头，平静而严肃地回答道。

"No, el amor es espléndido", dijo, "pero también terrible".
"不，爱情很美好，"他说，"但也很可怕。"

"A veces, debo admitirlo, este tipo de amor me da miedo".
"有时候，我必须承认，这种爱让我害怕。"

Pete asintió y dijo: "Odiaría ser el hombre que te toque".
皮特点点头，说道："我可不想成为那个碰你的人。"

Miró a Buck mientras hablaba, serio y lleno de respeto.
他说话时看着巴克，严肃而充满敬意。

—¡Py Jingo! —dijo Hans rápidamente—. Yo tampoco, señor.
"Py
Jingo！"汉斯赶紧说道，"我也是，不，先生。"

Antes de que terminara el año, los temores de Pete se
hicieron realidad en Circle City.
年底之前，皮特的担忧在 Circle City
变成了现实。

Un hombre cruel llamado Black Burton provocó una pelea
en el bar.
一个名叫布莱克·伯顿的残忍男人在酒吧里挑起斗殴
。

Estaba enojado y malicioso, arremetiendo contra un nuevo
novato.
他愤怒又恶毒，对一个新手大发雷霆。

John Thornton entró en escena, tranquilo y afable como
siempre.
约翰·桑顿走了进来，一如既往地冷静和善良。

Buck yacía en un rincón, con la cabeza gacha, observando a
Thornton de cerca.
巴克躺在角落里，低着头，仔细地注视着桑顿。

Burton atacó de repente, y su puñetazo hizo que Thornton
girara.
伯顿突然出击，一拳将桑顿打得天旋地转。

Sólo la barandilla de la barra evitó que se estrellara con fuerza contra el suelo.
只有酒吧的扶手才能阻止他重重地摔到地面。

Los observadores oyeron un sonido que no era un ladrido ni un aullido.
观察者听到了一种既不是吠叫也不是尖叫的声音

Un rugido profundo salió de Buck mientras se lanzaba hacia el hombre.
巴克向那人冲去，发出一声低沉的吼叫。

Burton levantó el brazo y apenas salvó su vida.
伯顿举起手臂，险些保住了性命。

Buck se estrelló contra él y lo tiró al suelo.
巴克撞到他，把他撞倒在地。

Buck mordió profundamente el brazo del hombre y luego se abalanzó sobre su garganta.
巴克深深咬住那人的手臂，然后猛扑向他的喉咙。

Burton sólo pudo bloquearlo parcialmente y su cuello quedó destrozado.
伯顿只能部分阻挡，脖子被撕开。

Los hombres se apresuraron a entrar, con los garrotes en alto, y apartaron a Buck del hombre sangrante.
人们冲进来，举起棍棒，把巴克从流血的男人身上赶了开来。

Un cirujano trabajó rápidamente para detener la fuga de sangre.
外科医生迅速采取行动，止住血液流出。

Buck caminaba de un lado a otro y gruñía, intentando atacar una y otra vez.
巴克一边踱步一边咆哮，试图一次又一次地发起攻击。

Sólo los golpes con los palos le impidieron llegar hasta Burton.
只有挥舞的棍棒才能阻止他到达伯顿。

Allí mismo se convocó y celebró una asamblea de mineros.
矿工大会就地召开。

Estuvieron de acuerdo en que Buck había sido provocado y votaron por liberarlo.

他们一致认为巴克是受到了挑衅，并投票决定释放他。

Pero el feroz nombre de Buck ahora resonaba en todos los campamentos de Alaska.

但巴克凶猛的名字如今已在阿拉斯加的每个营地中回荡。

Más tarde ese otoño, Buck salvó a Thornton nuevamente de una nueva manera.

那年秋天晚些时候，巴克再次以一种新的方式拯救了桑顿。

Los tres hombres guiaban un bote largo por rápidos agitados.

这三个人正驾驶着一艘长船顺着湍急的河道前行。

Thornton tripulaba el bote, gritando instrucciones para llegar a la costa.

桑顿掌着舵，向海岸线发出指示。

Hans y Pete corrieron por la tierra, sosteniendo una cuerda de árbol a árbol.

汉斯和皮特在陆地上奔跑，抓着绳子从一棵树跑到另一棵树。

Buck seguía el ritmo en la orilla, siempre observando a su amo.

巴克在河岸上不停地行走，始终注视着他的主人。

En un lugar desagradable, las rocas sobresalían bajo el agua rápida.

在一个令人讨厌的地方，岩石在湍急的水流下突出。

Hans soltó la cuerda y Thornton dirigió el bote hacia otro lado.

汉斯松开了绳子，桑顿把船驶向了远处。

Hans corrió para alcanzar el barco nuevamente más allá de las rocas peligrosas.

汉斯冲过危险的岩石，再次赶上船。

El barco superó la cornisa pero se topó con una parte más fuerte de la corriente.

船越过了岩架，但撞上了更强的水流。

Hans agarró la cuerda demasiado rápido y desequilibró el barco.

汉斯抓住绳子太快，导致船失去平衡。

El barco se volcó y se estrelló contra la orilla, boca abajo.

船翻了，船底朝天地撞上了岸。

Thornton fue arrojado y arrastrado hacia la parte más salvaje del agua.

桑顿被抛出水面并被卷入水面最险恶的地方。

Ningún nadador habría podido sobrevivir en esas aguas turbulentas y mortales.

没有任何游泳者能够在这些致命的湍急水域中生存下来。

Buck saltó instantáneamente y persiguió a su amo río abajo.

巴克立即跳入水中，追着主人顺着河而下。

Después de trescientos metros, llegó por fin a Thornton.

走了三百码后，他终于到达了桑顿。

Thornton agarró la cola de Buck y Buck se giró hacia la orilla.

桑顿抓住了巴克的尾巴，巴克转身向岸边游去。

Nadó con todas sus fuerzas, luchando contra el arrastre salvaje del agua.

他拼尽全力游着，抵抗着水的猛烈阻力。

Se movieron río abajo más rápido de lo que podían llegar a la orilla.

他们顺流而下的速度比到达岸边的速度还快。

Más adelante, el río rugía cada vez más fuerte mientras caía en rápidos mortales.

前方，河水咆哮声越来越大，形成致命的急流。

Las rocas cortaban el agua como los dientes de un peine enorme.

岩石像一把巨大梳子的齿一样划破水面。

La atracción del agua cerca de la caída era salvaje e ineludible.

靠近落差处的水的拉力是巨大而无法避免的。

Thornton sabía que nunca podrían llegar a la costa a tiempo.

桑顿知道他们不可能及时到达岸边。

Raspó una roca, se estrelló contra otra,

他刮过一块岩石，又撞上另一块，

Y entonces se estrelló contra una tercera roca, agarrándola con ambas manos.

然后他撞上了第三块岩石，用双手抓住了它。

Soltó a Buck y gritó por encima del rugido: "¡Vamos, Buck! ¡Vamos!".

他放开巴克，大声喊道："快，巴克！快！"

Buck no pudo mantenerse a flote y fue arrastrado por la corriente.

巴克无法浮在水面上，被水流冲走了。

Luchó con todas sus fuerzas, intentando girar, pero no consiguió ningún progreso.

他拼命挣扎，挣扎着转身，但却毫无进展。

Entonces escuchó a Thornton repetir la orden por encima del rugido del río.

然后他听到桑顿在河水的咆哮声中重复了命令。

Buck salió del agua y levantó la cabeza como para echar una última mirada.

巴克从水里站了起来，抬起头，仿佛要看最后一眼。

Luego se giró y obedeció, nadando hacia la orilla con resolución.

然后转身服从，坚决地向岸边游去。

Pete y Hans lo sacaron a tierra en el último momento posible.

皮特和汉斯在最后一刻将他拉上了岸。

Sabían que Thornton podría aferrarse a la roca sólo por unos minutos más.

他们知道桑顿只能坚持在岩石上几分钟。

Corrieron por la orilla hasta un lugar mucho más arriba de donde estaba colgado.

他们沿着河岸跑去，来到比他悬挂的地方高得多的地方。

Ataron la cuerda del bote al cuello y los hombros de Buck con cuidado.

他们小心翼翼地将船绳系在巴克的脖子和肩膀上。

La cuerda estaba ajustada pero lo suficientemente suelta para permitir la respiración y el movimiento.

绳子很紧，但又足够松，方便呼吸和活动。

Luego lo lanzaron nuevamente al caudaloso y mortal río.

然后他们又把他扔进了湍急而致命的河流。

Buck nadó con valentía, pero perdió su ángulo debido a la fuerza de la corriente.

巴克大胆地游着，但却没有游进湍急的水流中。

Se dio cuenta demasiado tarde de que iba a dejar atrás a Thornton.

他意识到自己即将超越桑顿，但为时已晚。

Hans tiró de la cuerda con fuerza, como si Buck fuera un barco que se hundía.

汉斯猛地拉紧绳子，仿佛巴克是一艘倾覆的小船。

La corriente lo arrastró hacia abajo y desapareció bajo la superficie.

水流将他拉下水，他消失在水面之下。

Su cuerpo chocó contra el banco antes de que Hans y Pete pudieran sacarlo.

在汉斯和皮特将他拉出来之前，他的身体撞到了岸边。

Estaba medio ahogado y le sacaron el agua a golpes.

他已经半溺水了，他们把他体内的水打出来。

Buck se puso de pie, se tambaleó y volvió a desplomarse en el suelo.

巴克站起来，跟跄了一下，再次倒在地上。

Entonces oyeron la voz de Thornton llevada débilmente por el viento.

然后他们听到风中隐隐传来桑顿的声音。

Aunque las palabras no eran claras, sabían que estaba cerca de morir.

虽然话语不清楚，但他们知道他已经快要死了。

El sonido de la voz de Thornton golpeó a Buck como una sacudida eléctrica.

桑顿的声音让巴克如遭电击。

Saltó y corrió por la orilla, regresando al punto de lanzamiento.

他跳起来，跑上河岸，回到了出发点。

Nuevamente ataron la cuerda a Buck, y nuevamente entró al arroyo.

他们再次将绳子绑在巴克身上，他再次跳入小溪。

Esta vez nadó directo y firmemente hacia el agua que palpitaba.

这一次，他直接、坚定地游进了湍急的水流中。

Hans soltó la cuerda con firmeza mientras Pete evitaba que se enredara.

汉斯稳稳地放出绳子，而皮特则负责防止绳子缠结。

Buck nadó con fuerza hasta que estuvo alineado justo encima de Thornton.

巴克奋力游动，直到他位于桑顿正上方。

Luego se dio la vuelta y se lanzó hacia abajo como un tren a toda velocidad.

然后他转身，像一列全速的火车一样冲了下去。

Thornton lo vio venir, se preparó y le rodeó el cuello con los brazos.

桑顿看到他来了，做好了准备，用双臂搂住他的脖子。

Hans ató la cuerda fuertemente alrededor de un árbol mientras ambos eran arrastrados hacia abajo.

汉斯将绳子紧紧地绑在一棵树上，然后把两人都拉下去。

Cayeron bajo el agua y se estrellaron contra rocas y escombros del río.

它们在水下翻滚，撞上岩石和河流碎片。

En un momento Buck estaba arriba y al siguiente Thornton se levantó jadeando.

前一刻巴克还在他上面，下一刻桑顿就气喘吁吁地站了起来。

Maltratados y asfixiados, se desviaron hacia la orilla y se pusieron a salvo.

他们伤痕累累、窒息而亡，只好转向岸边寻求安全。

Thornton recuperó el conocimiento, acostado sobre un tronco a la deriva.

桑顿恢复了意识，躺在一根漂流木上。

Hans y Pete trabajaron duro para devolverle el aliento y la vida.

汉斯和皮特努力帮助他恢复呼吸和生命。

Su primer pensamiento fue para Buck, que yacía inmóvil y flácido.

他首先想到的是巴克，它一动不动地躺在那里。

Nig aulló sobre el cuerpo de Buck y Skeet le lamió la cara suavemente.

尼格对着巴克的身体嚎叫，斯基特轻轻地舔着巴克的脸。

Thornton, dolorido y magullado, examinó a Buck con manos cuidadosas.

桑顿浑身酸痛，浑身瘀伤，他用手小心翼翼地检查巴克。

Encontró tres costillas rotas, pero ninguna herida mortal en el perro.

他发现这只狗有三根肋骨断裂，但没有致命伤。

"Eso lo resuelve", dijo Thornton. "Acamparemos aquí". Y así lo hicieron.

"那就这么定了，"桑顿说。"我们就在这里扎营。"他们就真的扎营了。

Se quedaron hasta que las costillas de Buck sanaron y pudo caminar nuevamente.

他们一直待到巴克的肋骨痊愈并能再次行走。

Ese invierno, Buck realizó una hazaña que aumentó aún más su fama.

那年冬天，巴克完成了一项壮举，进一步提高了他的名气。

Fue menos heroico que salvar a Thornton, pero igual de impresionante.

这虽然不如拯救桑顿那么英勇，但同样令人印象深刻。

En Dawson, los socios necesitaban suministros para un viaje lejano.

在道森，合作伙伴需要为长途旅行提供补给。

Querían viajar hacia el Este, hacia tierras vírgenes y silvestres.

他们想前往东部，进入未被开发的荒野地区。

La escritura de Buck en el Eldorado Saloon hizo posible ese viaje.

巴克在埃尔多拉多酒吧的行为使得这次旅行成为可能。

Todo empezó con hombres alardeando de sus perros mientras bebían.

事情的起因是，男人们边喝酒边吹嘘自己的狗。

La fama de Buck lo convirtió en blanco de desafíos y dudas.

巴克的名气使他成为挑战和怀疑的对象。

Thornton, orgulloso y tranquilo, se mantuvo firme en la defensa del nombre de Buck.

桑顿骄傲而冷静，坚定地捍卫巴克的名字。

Un hombre dijo que su perro podía levantar doscientos cincuenta kilos con facilidad.

一名男子说他的狗可以轻松拉动五百磅的重物。

Otro dijo seiscientos, y un tercero se jactó de setecientos.

另一个人说有六百人，第三个人则夸口有七百人。

"¡Pfft!" dijo John Thornton, "Buck puede tirar de un trineo de mil libras".

"噗！"约翰·桑顿说，"巴克能拉动一千磅重的雪橇。"

Matthewson, un Rey de Bonanza, se inclinó hacia delante y lo desafió.

富矿之王马修森倾身向前，向他发起挑战。

¿Crees que puede poner tanto peso en movimiento?

"你认为他能举起那么大的重量吗？"

"¿Y crees que puede tirar del peso cien yardas enteras?"

"你认为他能把重物拉出足足一百码吗？"

Thornton respondió con frialdad: «Sí. Buck es lo suficientemente bueno como para hacerlo».

桑顿冷冷地回答："是的。巴克足够厉害，可以做到。"

"Pondrá mil libras en movimiento y las arrastrará cien yardas".

"他会施加一千磅的力，然后把它拉一百码。"

Matthewson sonrió lentamente y se aseguró de que todos los hombres escucharan sus palabras.

马修森慢慢地笑了笑，确保所有人都听到了他的话。

Tengo mil dólares que dicen que no puede. Ahí está.

"我有一千美元可以证明他不行。就是这样。"

Arrojó un saco de polvo de oro del tamaño de una salchicha sobre la barra.

他把一袋香肠大小的金粉重重地扔在吧台上。

Nadie dijo una palabra. El silencio se hizo denso y tenso a su alrededor.

没人说话。四周的寂静愈发沉重、紧张。

El engaño de Thornton —si es que lo hubo— había sido tomado en serio.

桑顿的虚张声势——如果算的话——

已经被认真对待了。

Sintió que el calor le subía a la cara mientras la sangre le subía a las mejillas.

他感到脸上发热，血液涌上脸颊。

En ese momento su lengua se había adelantado a su razón.

那一刻，他的舌头已经超越了他的理智。

Realmente no sabía si Buck podría mover mil libras.

他真的不知道巴克是否能搬动一千磅的重量。

¡Media tonelada! Solo su tamaño le hacía sentir un gran peso en el corazón.

半吨！光是看着它的大小，就让他心里沉重无比。

Tenía fe en la fuerza de Buck y creía que era capaz.

他相信巴克的力量并且认为他有能力。

Pero nunca se había enfrentado a un desafío así, no de esta manera.

但他从来没有面临过这种挑战，不是这样的。

Una docena de hombres lo observaban en silencio, esperando ver qué haría.

十几个人静静地注视着他，等着看他要做什么。

Él no tenía el dinero, ni tampoco Hans ni Pete.

他没有钱——汉斯和皮特也没有。

"Tengo un trineo afuera", dijo Matthewson fría y directamente.

"我外面有一辆雪橇，"马修森冷冷地直接说道。

"Está cargado con veinte sacos de cincuenta libras cada uno, todo de harina.

"里面装了二十袋面粉，每袋五十磅。

Así que no dejen que un trineo perdido sea su excusa ahora", añadió.

所以现在不要让雪橇丢失成为你的借口，"他补充道。

Thornton permaneció en silencio. No sabía qué decir.

桑顿沉默不语，不知道该说什么。

Miró a su alrededor los rostros sin verlos con claridad.

他环顾四周，但没看清楚他们的脸。

Parecía un hombre congelado en sus pensamientos, intentando reiniciarse.

他看上去就像一个陷入沉思的人，试图重新开始。

Luego vio a Jim O'Brien, un amigo de la época de Mastodon.

然后他见到了吉姆·奥布莱恩 (Jim O'Brien)，他是
Mastodon 时期的朋友。

Ese rostro familiar le dio un coraje que no sabía que tenía.
那张熟悉的面孔给了他从未意识到的勇气。

Se giró y preguntó en voz baja: "¿Puedes prestarme mil?"
他转过身，低声问道："你能借我一千块吗？"

"Claro", dijo O'Brien, dejando caer un pesado saco junto al oro.
"当然可以，" 奥布莱恩说着，已经把一个沉重的袋子扔到了金子旁边。

"Pero la verdad, John, no creo que la bestia pueda hacer esto".
"但说实话，约翰，我不相信那野兽能做到这一点。"

Todos los que estaban en el Eldorado Saloon corrieron hacia afuera para ver el evento.
埃尔多拉多酒吧里的每个人都冲到外面观看这一幕。

Abandonaron las mesas y las bebidas, e incluso los juegos se pausaron.
他们离开了桌子和饮料，甚至游戏也暂停了。

Comerciantes y jugadores acudieron para presenciar el final de la audaz apuesta.
庄家和赌徒们纷纷前来见证这场大胆赌注的结束。

Cientos de personas se reunieron alrededor del trineo en la calle helada y abierta.
数百人聚集在结冰的街道上的雪橇周围。

El trineo de Matthewson estaba cargado con un montón de sacos de harina.
马修森的雪橇上满载着面粉袋。

El trineo había permanecido parado durante horas a temperaturas bajo cero.
雪橇已经在零度以下的气温中停放了几个小时。

Los patines del trineo estaban congelados y pegados a la nieve compacta.
雪橇的滑板被紧紧地冻在了厚厚的雪地上。

Los hombres ofrecieron dos a uno de que Buck no podría mover el trineo.

人们以二比一的赔率赌巴克无法移动雪橇。

Se desató una disputa sobre lo que realmente significaba "break out".

关于"突破"的真正含义，发生了争论。

O'Brien dijo que Thornton debería aflojar la base congelada del trineo.

奥布莱恩说，桑顿应该松开雪橇冻结的底座。

Buck pudo entonces "escapar" de un comienzo sólido e inmóvil.

然后，巴克就可以从坚实、静止的状态下"突围"出来。

Matthewson argumentó que el perro también debe liberar a los corredores.

马修森认为狗也必须把跑步者救出来。

Los hombres que habían escuchado la apuesta estuvieron de acuerdo con la opinión de Matthewson.

听过赌注的人都同意马修森的观点。

Con esa decisión, las probabilidades aumentaron a tres a uno en contra de Buck.

根据这一裁决，巴克获胜的赔率上升到了三比一。

Nadie se animó a asumir las crecientes probabilidades de tres a uno.

没有人站出来承担越来越大的三比一赔率。

Ningún hombre creyó que Buck pudiera realizar la gran hazaña.

没有一个人相信巴克能够完成这一伟大壮举。

Thornton se había apresurado a hacer la apuesta, cargado de dudas.

桑顿带着深深的疑虑匆忙参与了这场赌注。

Ahora miró el trineo y el equipo de diez perros que estaba a su lado.

现在他看着雪橇和旁边的十只狗组成的队伍。

Ver la realidad de la tarea la hizo parecer más imposible.

看到这个任务的现实后，它看起来更加不可能了。

Matthewson estaba lleno de orgullo y confianza en ese momento.

那一刻，马修森充满了自豪和自信。

—¡Tres a uno! —gritó—. ¡Apuesto mil más, Thornton!

"三比一！"他喊道，"我再赌一千，桑顿！"

"¿Qué dices?" añadió lo suficientemente alto para que todos lo oyeran.

你说什么？"他补充道，声音大到所有人都能听到。

El rostro de Thornton mostraba sus dudas, pero su ánimo se había elevado.

桑顿脸上露出疑惑，但他的精神已经振奋起来。

Ese espíritu de lucha ignoraba las probabilidades y no temía a nada en absoluto.

那种战斗精神无视困难，无所畏惧。

Llamó a Hans y Pete para que trajeran todo su dinero a la mesa.

他叫来汉斯和皮特，让他们把所有的现金都拿到桌子上。

Les quedaba poco: sólo doscientos dólares en total.

他们所剩无几了——加起来只有两百美元。

Esta pequeña suma constituía su fortuna total en tiempos difíciles.

这笔小钱就是他们艰难时期的全部财产。

Aún así, apostaron toda su fortuna contra la apuesta de Matthewson.

尽管如此，他们还是把全部财产押在了马修森的赌注上。

El equipo de diez perros fue desenganchado y se alejó del trineo.

十只狗组成的队伍被解开，离开了雪橇。

Buck fue colocado en las riendas, vistiendo su arnés familiar.

巴克被放在缰绳上，戴着他熟悉的挽具。

Había captado la energía de la multitud y sentía la tensión.

他感受到了人群的活力和紧张气氛。

De alguna manera, sabía que tenía que hacer algo por John Thornton.

不管怎样，他知道他必须为约翰·桑顿做点什么。

La gente murmuraba con admiración ante la orgullosa figura del perro.

人们对这只狗骄傲的身影发出赞叹声。

Era delgado y fuerte, sin un solo gramo de carne extra.

他身材精瘦，体魄强健，身上没有一丝多余的肉。

Su peso total de ciento cincuenta libras era todo potencia y resistencia.

他的全部体重有一百五十磅，全靠力量和耐力。

El pelaje de Buck brillaba como la seda, espeso y saludable.

巴克的皮毛像丝绸一样闪闪发光，厚实而富有健康和力量。

El pelaje a lo largo de su cuello y hombros pareció levantarse y erizarse.

他脖子和肩膀上的毛发似乎竖了起来。

Su melena se movía levemente, cada cabello vivo con su gran energía.

他的鬃毛微微摇曳，每一根毛发都散发着巨大的能量。

Su pecho ancho y sus piernas fuertes hacían juego con su cuerpo pesado y duro.

他宽阔的胸膛和强壮的双腿与他厚重、坚韧的身材相得益彰。

Los músculos se ondulaban bajo su abrigo, tensos y firmes como hierro.

他的外套下肌肉起伏，紧实如铁。

Los hombres lo tocaron y juraron que estaba construido como una máquina de acero.

人们触摸他并发誓他就像一台钢铁机器。

Las probabilidades bajaron levemente a dos a uno contra el gran perro.

大狗获胜的几率略微下降为二比一。

Un hombre de los bancos Skookum se adelantó, tartamudeando.

一名来自斯科库姆长凳的男子结结巴巴地向前走去。

—¡Bien, señor! ¡Ofrezco ochocientas libras por él, antes del examen, señor!

"好，先生！我出价八百英镑买下他——

在考试之前，先生！"

"¡Ochocientos, tal como está ahora mismo!" insistió el hombre.

"就他现在的水平，八百！"那人坚持道。

Thornton dio un paso adelante, sonrió y meneó la cabeza con calma.

桑顿走上前，微笑着，平静地摇了摇头。

Matthewson intervino rápidamente con una voz de advertencia y el ceño fruncido.

马修森皱着眉头，迅速走了进来，发出警告的声音。

—Debes alejarte de él —dijo—. Dale espacio.

"你必须离他远点，"他说，"给他点空间。"

La multitud quedó en silencio; sólo los jugadores seguían ofreciendo dos a uno.

人群安静下来，只有赌徒还在提供二比一的赌注。

Todos admiraban la complexión de Buck, pero la carga parecía demasiado grande.

每个人都钦佩巴克的体格，但是负荷看起来太大了。

Veinte sacos de harina, cada uno de cincuenta libras de peso, parecían demasiados.

二十袋面粉——每袋重五十磅——似乎太多了。

Nadie estaba dispuesto a abrir su bolsa y arriesgar su dinero.

没有人愿意打开自己的钱袋去冒险。

Thornton se arrodilló junto a Buck y tomó su cabeza con ambas manos.

桑顿跪在巴克身边，双手捧着他的头。

Presionó su mejilla contra la de Buck y le habló al oído.

他把脸颊贴在巴克的脸颊上，对着他的耳朵说话。

Ya no había apretones juguetones ni susurros de insultos amorosos.

现在不再有嬉闹的摇晃或低声的爱意侮辱。

Él sólo murmuró suavemente: "Tanto como me amas, Buck".

他只是轻声低语道："就像你爱我一样，巴克。"

Buck dejó escapar un gemido silencioso, su entusiasmo apenas fue contenido.

巴克发出一声安静的呜咽，几乎抑制不住他的渴望。

Los espectadores observaron con curiosidad cómo la tensión llenaba el aire.

旁观者好奇地看着气氛紧张。

El momento parecía casi irreal, como algo más allá de la razón.

那一刻感觉几乎不真实，就像某种超越理性的事情。

Cuando Thornton se puso de pie, Buck tomó suavemente su mano entre sus mandíbulas.

当桑顿站起来时，巴克轻轻地将他的手放在他的下巴上。

Presionó con los dientes y luego lo soltó lenta y suavemente.

他用牙齿压下去，然后慢慢地、轻轻地放开。

Fue una respuesta silenciosa de amor, no dicha, pero entendida.

这是爱的无声回答，没有说出口，但却心领神会。

Thornton se alejó bastante del perro y dio la señal.

桑顿从狗身边退开一步，然后发出信号。

—Ahora, Buck —dijo, y Buck respondió con calma y concentración.

"现在，巴克，"他说道，巴克以专注而平静的态度回应。

Buck apretó las correas y luego las aflojó unos centímetros.

巴克把牵引绳拉紧，然后又松开了几英寸。

Éste era el método que había aprendido; su manera de romper el trineo.

这是他学到的方法；这是他打破雪橇的方法。

—¡Caramba! —gritó Thornton con voz aguda en el pesado silencio.

"哎呀！"桑顿喊道，在寂静中他的声音很尖锐。

Buck giró hacia la derecha y se lanzó con todo su peso.

巴克向右转身，用尽全身的力气猛扑过去。

La holgura desapareció y la masa total de Buck golpeó las cuerdas apretadas.

松弛消失了，巴克的整个身体都撞到了绷紧的绳索上。

El trineo tembló y los patines produjeron un crujido crujiente.

雪橇颤动起来，滑行器发出清脆的噼啪声。

—¡Ja! —ordenó Thornton, cambiando nuevamente la dirección de Buck.

"哈！"桑顿命令道，再次改变了巴克的方向。

Buck repitió el movimiento, esta vez tirando bruscamente hacia la izquierda.

巴克重复了这一动作，这次他猛地向左拉。

El trineo crujió más fuerte y los patines crujieron y se movieron.

雪橇发出更响的噼啪声，滑板断裂并移动。

La pesada carga se deslizó ligeramente hacia un lado sobre la nieve congelada.

沉重的货物在冻雪上稍微向侧面滑动。

¡El trineo se había soltado del sendero helado!

雪橇已经脱离了冰道的束缚！

Los hombres contenían la respiración, sin darse cuenta de que ni siquiera estaban respirando.

人们屏住呼吸，没有意识到自己甚至没有呼吸。

—¡Ahora, TIRA! —gritó Thornton a través del silencio helado.

"现在，拉！"桑顿在一片寂静中大声喊道。

La orden de Thornton sonó aguda, como el chasquido de un látigo.

桑顿的命令听起来很尖锐，就像鞭子抽打的声音。

Buck se lanzó hacia adelante con una estocada feroz y estremecedora.

巴克猛地向前猛冲，发出刺耳的撞击声。

Todo su cuerpo se tensó y se arrugó por la enorme tensión.

由于承受着巨大的压力，他的整个身体都绷紧了。

Los músculos se ondulaban bajo su pelaje como serpientes que cobraban vida.

他的皮毛下的肌肉起伏不平，就像活过来的蛇一样。

Su gran pecho estaba bajo y la cabeza estirada hacia delante, hacia el trineo.

他宽阔的胸膛低垂着，头向前伸向雪橇。

Sus patas se movían como un rayo y sus garras cortaban el suelo helado.

他的爪子像闪电一样移动，爪子划过冰冻的地面。

Los surcos se abrieron profundos mientras luchaba por cada centímetro de tracción.

他为了每一寸的牵引力而奋斗，留下了深深的伤痕。

El trineo se balanceó, tembló y comenzó un movimiento lento e inquieto.

雪橇摇晃着，颤抖着，开始缓慢而不安地移动。

Un pie resbaló y un hombre entre la multitud gimió en voz alta.

一只脚滑了一下，人群中一名男子大声呻吟。

Entonces el trineo se lanzó hacia adelante con un movimiento brusco y espasmódico.

然后，雪橇猛地向前猛冲。

No se detuvo de nuevo: media pulgada... una pulgada... dos pulgadas más.

它没有再停下来——

半英寸……一英寸……又两英寸。

Los tirones se hicieron más pequeños a medida que el trineo empezó a ganar velocidad.

随着雪橇速度的加快，颠簸变得越来越小。

Pronto Buck estaba tirando con una potencia suave, uniforme y rodante.

很快，巴克就能以平稳、均匀、滚动的力量拉动。

Los hombres jadearon y finalmente recordaron respirar de nuevo.

男人们倒吸一口气，终于想起来了。

No se habían dado cuenta de que su respiración se había detenido por el asombro.

他们没有注意到，自己的呼吸已经因敬畏而停止了。

Thornton corrió detrás, gritando órdenes breves y alegres.

桑顿跑在后面，大声喊着简短而欢快的命令。

Más adelante había una pila de leña que marcaba la distancia.

前面有一堆柴火标记着距离。

A medida que Buck se acercaba a la pila, los vítores se hacían cada vez más fuertes.

当巴克靠近那堆东西时，欢呼声越来越大。

Los aplausos aumentaron hasta convertirse en un rugido cuando Buck pasó el punto final.

当巴克越过终点时，欢呼声逐渐升华为咆哮声。

Los hombres saltaron y gritaron, incluso Matthewson sonrió.

人们跳起来，欢呼起来，就连马修森也咧嘴笑了。

Los sombreros volaron por el aire y los guantes fueron arrojados sin pensar ni rumbo.

帽子在空中飞舞，手套被无意识地抛出。

Los hombres se abrazaron y se dieron la mano sin saber a quién.

男人们互相抓住对方并握手，却不知道是谁。

Toda la multitud vibró en una celebración salvaje y alegre.

整个人群沸腾起来，欢欣雀跃。

Thornton cayó de rodillas junto a Buck con manos temblorosas.

桑顿双手颤抖地跪在巴克身边。

Apretó su cabeza contra la de Buck y lo sacudió suavemente hacia adelante y hacia atrás.

他把巴克的头贴在巴克的头上，轻轻地前后摇晃。

Los que se acercaron le oyeron maldecir al perro con silencioso amor.

走近的人听到他默默地咒骂那条狗。

Maldijo a Buck durante un largo rato, suavemente, cálidamente, con emoción.

他大声咒骂巴克许久——

语气轻柔，热情洋溢，充满感情。

—¡Bien, señor! ¡Bien, señor! —gritó el rey del Banco Skookum a toda prisa.

"好的，先生！好的，先生！"斯科库姆长凳之王急忙喊道。

—¡Le daré mil, no, mil doscientos, por ese perro, señor!

"先生，我愿意出一千——不，一千二百——的价钱买这条狗！"

Thornton se puso de pie lentamente, con los ojos brillantes de emoción.

桑顿慢慢地站了起来，眼里闪烁着激动的光芒。

Las lágrimas corrían abiertamente por sus mejillas sin ninguna vergüenza.

泪水毫无羞耻地顺着脸颊流下来。

"Señor", le dijo al rey del Banco Skookum, firme y firme.

"先生，"他坚定而坚定地对斯库库姆长凳之王说道

—No, señor. Puede irse al infierno, señor. Esa es mi última respuesta.

"不，先生。你下地狱吧，先生。这是我的最终答案。"

Buck agarró suavemente la mano de Thornton con sus fuertes mandíbulas.

巴克用强壮的下巴轻轻地抓住桑顿的手。

Thornton lo sacudió juguetonamente; su vínculo era más profundo que nunca.

桑顿开玩笑地摇了摇他，他们之间的感情依然深厚。

La multitud, conmovida por el momento, retrocedió en silencio.

人群被这一刻所感动，默默地后退。

Desde entonces nadie se atrevió a interrumpir tan sagrado afecto.

从此，再无人敢打扰如此神圣的感情。

El sonido de la llamada
呼唤的声音

Buck había ganado mil seiscientos dólares en cinco minutos.
巴克在五分钟内就赚了一千六百美元。

El dinero permitió a John Thornton pagar algunas de sus deudas.
这笔钱让约翰·桑顿偿还了部分债务。

Con el resto del dinero se dirigió al Este con sus socios.
他带着剩余的钱与合伙人一起前往东部。

Buscaban una legendaria mina perdida, tan antigua como el país mismo.
他们寻找一座传说中的失落矿井，其历史与这个国家一样悠久。

Muchos hombres habían buscado la mina, pero pocos la habían encontrado.
许多人都曾寻找过这座矿井，但很少有人找到它。

Más de unos pocos hombres habían desaparecido durante la peligrosa búsqueda.
在这次危险的探险中，有不少人失踪了。

Esta mina perdida estaba envuelta en misterio y vieja tragedia.
这座失落的矿井被神秘和古老的悲剧所笼罩。

Nadie sabía quién había sido el primer hombre que encontró la mina.
没有人知道第一个发现这座矿井的人是谁。

Las historias más antiguas no mencionan a nadie por su nombre.

最古老的故事没有提到任何人的名字。

Siempre había habido allí una antigua y destartalada cabaña.

那里一直有一间古老而摇摇欲坠的小屋。

Los hombres moribundos habían jurado que había una mina al lado de aquella vieja cabaña.

垂死之人发誓那间旧木屋旁边有一座矿井。

Probaron sus historias con oro como ningún otro en ningún otro lugar.

他们用其他地方找不到的黄金证明了他们的故事。

Ningún alma viviente había jamás saqueado el tesoro de aquel lugar.

从来没有人从那里掠夺过宝藏。

Los muertos estaban muertos, y los muertos no cuentan historias.

死者已死，死人不会留下任何痕迹。

Entonces Thornton y sus amigos se dirigieron al Este.

于是桑顿和他的朋友们前往东部。

Pete y Hans se unieron, trayendo a Buck y seis perros fuertes.

皮特和汉斯也加入了进来，他们带来了巴克和六只强壮的狗。

Se embarcaron en un camino desconocido donde otros habían fracasado.

他们踏上了一条别人失败的未知道路。

Se deslizaron en trineo setenta millas por el congelado río Yukón.

他们乘雪橇沿着冰冻的育空河逆流而上七十英里。

Giraron a la izquierda y siguieron el sendero hacia Stewart.

他们向左转，沿着小路进入斯图尔特。

Pasaron Mayo y McQuestion y siguieron adelante.

他们经过梅奥和麦奎森，继续前行。

El río Stewart se encogió y se convirtió en un arroyo, atravesando picos irregulares.

斯图尔特河逐渐变成一条小溪，穿过锯齿状的山峰。

Estos picos afilados marcaban la columna vertebral del continente.

这些尖锐的山峰标志着这片大陆的脊梁。

John Thornton exigía poco a los hombres y a la tierra salvaje.

约翰·桑顿对人类和荒野的要求很少。

No temía a nada de la naturaleza y se enfrentaba a lo salvaje con facilidad.

他无所畏惧自然，能够轻松地面对荒野。

Con sólo sal y un rifle, podría viajar a donde quisiera.

仅凭盐和一支步枪，他就能去任何他想去的地方。

Al igual que los nativos, cazaba alimentos mientras viajaba.

像当地人一样，他在旅途中捕猎食物。

Si no pescaba nada, seguía adelante, confiando en que la suerte le acompañaría.

如果他什么也没抓到，他就会继续前行，相信前方有好运。

En este largo viaje, la carne era lo principal que comían.

在这次漫长的旅途中，肉是他们主要的食物。

El trineo contenía herramientas y municiones, pero no un horario estricto.

雪橇上装有工具和弹药，但没有严格的时间表。

A Buck le encantaba este vagabundeo, la caza y la pesca interminables.

巴克喜欢这种漫游、无休止的狩猎和钓鱼。

Durante semanas estuvieron viajando día tras día.

连续数周，他们日复一日地奔波。

Otras veces montaban campamentos y permanecían allí durante semanas.

其他时候，他们会扎营并静静地待上数周。

Los perros descansaron mientras los hombres cavaban en la tierra congelada.

当人们在冻土中挖掘时，狗在休息。

Calentaron sartenes sobre el fuego y buscaron oro escondido.

他们将锅放在火上加热，寻找隐藏的黄金。

Algunos días pasaban hambre y otros días tenían fiestas.

有时候他们会挨饿，有时候他们会大吃大喝。

Sus comidas dependían de la presa y de la suerte de la caza.

他们的食物取决于猎物和狩猎的运气。

Cuando llegaba el verano, los hombres y los perros cargaban cargas sobre sus espaldas.

夏天到来的时候，男人和狗就背起重物。

Navegaron por lagos azules escondidos en bosques de montaña.

他们乘木筏穿过隐藏在山林中的蓝色湖泊。

Navegaban en delgadas embarcaciones por ríos que ningún hombre había cartografiado jamás.

他们驾驶着细长的船，在从未有人绘制过地图的河流上航行。

Esos barcos se construyeron a partir de árboles que cortaban en la naturaleza.

这些船是用他们在野外锯的树木建造的。

Los meses pasaron y ellos serpentearon por tierras salvajes y desconocidas.

几个月过去了，他们穿越了荒野的未知土地。

No había hombres allí, aunque había rastros antiguos que indicaban que había habido hombres.

那里没有人类，但古老的痕迹却暗示着曾经有人存在。

Si la Cabaña Perdida fue real, entonces otras personas habían pasado por allí alguna vez.

如果"迷失小屋"是真实存在的，那么其他人一定也曾来过这里。

Cruzaron pasos altos en medio de tormentas de nieve, incluso en verano.

即使是在夏天，他们也冒着暴风雪穿越山口。

Temblaban bajo el sol de medianoche en las laderas desnudas de las montañas.

他们在光秃秃的山坡上，在午夜的阳光下瑟瑟发抖。

Entre la línea de árboles y los campos de nieve, subieron lentamente.

他们在树线和雪原之间缓慢攀登。

En los valles cálidos, aplastaban nubes de mosquitos y moscas.

在温暖的山谷中，他们拍打着成群的蚊虫和苍蝇。

Recogieron bayas dulces cerca de los glaciares en plena floración del verano.

他们在夏季盛开的冰川附近采摘甜浆果。

Las flores que encontraron eran tan hermosas como las de las Tierras del Sur.

他们发现的花和南国的花一样美丽。

Ese otoño llegaron a una región solitaria llena de lagos silenciosos.

那年秋天，他们到达了一个遍布寂静湖泊的荒凉地区。

La tierra estaba triste y vacía, una vez llena de pájaros y bestias.

这片土地曾经充满鸟兽，如今却一片荒凉。

Ahora no había vida, sólo el viento y el hielo formándose en charcos.

现在没有生命，只有风和水池中形成的冰。

Las olas golpeaban las orillas vacías con un sonido suave y triste.

海浪拍打着空旷的海岸，发出轻柔而悲伤的声音。

Llegó otro invierno y volvieron a seguir los viejos y tenues senderos.

又一个冬天来临，他们又沿着模糊的旧路前行。

Éstos eran los rastros de hombres que habían buscado mucho antes que ellos.

这些是很久以前搜寻过的人们留下的足迹。

Un día encontraron un camino que se adentraba profundamente en el bosque oscuro.

有一次，他们发现了一条深入黑暗森林的小路。

Era un sendero antiguo y sintieron que la cabaña perdida estaba cerca.

这是一条古老的小路，他们感觉失踪的小屋就在附近。

Pero el sendero no conducía a ninguna parte y se perdía en el espeso bosque.

但这条小路不知通向何方，消失在茂密的树林中。

Nadie sabe quién hizo el sendero ni por qué lo hizo.

没人知道是谁开辟了这条小路，以及他们为何开辟这条小路。

Más tarde encontraron los restos de una cabaña escondidos entre los árboles.

后来，他们在树林里发现了一间小屋的残骸。

Mantas podridas yacían esparcidas donde alguna vez alguien había dormido.

腐烂的毯子散落在曾经有人睡过的地方。

John Thornton encontró una pistola de chispa de cañón largo enterrada en el interior.

约翰·桑顿（John Thornton）发现里面埋着一把长管燧发枪。

Sabía que se trataba de un cañón de la Bahía de Hudson desde los primeros días de su comercialización.

他从早期交易时就知道这是哈德逊湾枪。

En aquella época, estas armas se intercambiaban por montones de pieles de castor.

在那个年代，这种枪是用一堆海狸皮来交换的。

Eso fue todo: no quedó ninguna pista del hombre que construyó el albergue.

仅此而已——
没有留下任何关于建造这座小屋的人的线索。

Llegó nuevamente la primavera y no encontraron ninguna señal de la Cabaña Perdida.

春天又来了，他们却没有发现迷失小屋的踪迹。

En lugar de eso encontraron un valle amplio con un arroyo poco profundo.

他们发现的却是一片宽阔的山谷，山谷里有一条浅浅的小溪。

El oro se extendía sobre el fondo de las sartenes como mantequilla suave y amarilla.

金子铺满锅底，就像光滑的黄色黄油一样。

Se detuvieron allí y no buscaron más la cabaña.

他们就在那里停了下来，不再寻找小屋。

Cada día trabajaban y encontraban miles en polvo de oro.

他们每天辛勤劳作，在金粉中发现了数千颗金子。

Empaquetaron el oro en bolsas de piel de alce, de cincuenta libras cada una.

他们将黄金装入驼鹿皮袋中，每袋五十磅。

Las bolsas estaban apiladas como leña afuera de su pequeña cabaña.

这些袋子像柴火一样堆放在他们的小屋外面。

Trabajaron como gigantes y los días pasaban como sueños rápidos.

他们像巨人一样努力工作，日子过得像做梦一样快。

Acumularon tesoros a medida que los días interminables transcurrían rápidamente.

无数的日子一天天过去，他们积累了越来越多的财富。

Los perros no tenían mucho que hacer excepto transportar carne de vez en cuando.

除了偶尔运送肉以外，狗几乎没什么事可做。

Thornton cazó y mató el animal, y Buck se quedó tendido junto al fuego.

桑顿捕猎并杀死了猎物，而巴克则躺在火堆旁。

Pasó largas horas en silencio, perdido en sus pensamientos y recuerdos.

他长时间地保持沉默，沉浸在思考和回忆中。

La imagen del hombre peludo venía cada vez más a la mente de Buck.

那个毛茸茸的男人的形象越来越频繁地出现在巴克的脑海里。

Ahora que el trabajo escaseaba, Buck soñaba mientras parpadeaba ante el fuego.

现在工作很少了，巴克一边眨着眼睛看着火，一边做着梦。

En esos sueños, Buck vagaba con el hombre en otro mundo.

在那些梦里，巴克和那个男人在另一个世界里流浪。

El miedo parecía el sentimiento más fuerte en ese mundo distante.

在那个遥远的世界里，恐惧似乎是最强烈的感觉。

Buck vio al hombre peludo dormir con la cabeza gacha.

巴克看到那个毛茸茸的男人低着头睡觉。

Tenía las manos entrelazadas y su sueño era inquieto y entrecortado.

他双手紧握，睡眠不安稳。

Solía despertarse sobresaltado y mirar con miedo hacia la oscuridad.

他常常突然惊醒，并恐惧地盯着黑暗。

Luego echaba más leña al fuego para mantener la llama brillante.

然后他会把更多的木头扔进火里以保持火焰明亮。

A veces caminaban por una playa junto a un mar gris e interminable.

有时他们会沿着灰色、无边无际的海滩散步。

El hombre peludo recogía mariscos y los comía mientras caminaba.

毛人一边走，一边捡贝类吃。

Sus ojos buscaban siempre peligros ocultos en las sombras.

他的眼睛总是搜寻着阴影中隐藏的危险。

Sus piernas siempre estaban listas para correr ante la primera señal de amenaza.

一旦发现威胁，他的双腿就随时准备冲刺。

Se arrastraron por el bosque, silenciosos y cautelosos, uno al lado del otro.

他们并肩悄悄地、警惕地穿过森林。

Buck lo siguió de cerca y ambos se mantuvieron alerta.

巴克紧随其后，两人都保持警惕。

Sus orejas se movían y temblaban, sus narices olfateaban el aire.

他们的耳朵抽动着，鼻子嗅着空气。

El hombre podía oír y oler el bosque tan agudamente como Buck.

这个人能像巴克一样敏锐地听到并闻到森林的声音。

El hombre peludo se balanceó entre los árboles con una velocidad repentina.

毛茸茸的男人突然加速穿过树林。

Saltaba de rama en rama sin perder nunca su agarre.

他从一个树枝跳到另一个树枝，始终抓不住树枝。

Se movió tan rápido sobre el suelo como sobre él.

他在地面上移动的速度与他在地面上移动的速度一样快。

Buck recordó las largas noches bajo los árboles, haciendo guardia.

巴克记得自己在树下守夜的漫长时光。

El hombre dormía recostado en las ramas, aferrado fuertemente.

男人睡在树枝上，紧紧地抱住树枝。

Esta visión del hombre peludo estaba estrechamente ligada al llamado profundo.

毛人的这个景象与深沉的呼唤紧密相关。

El llamado aún resonaba en el bosque con una fuerza inquietante.

那呼唤声依然在森林中回荡，令人难以忘怀。

La llamada llenó a Buck de anhelo y una inquieta sensación de alegría.

这呼唤让巴克心中充满了渴望和一种不安的喜悦感。

Sintió impulsos y agitaciones extrañas que no podía nombrar.

他感觉到一种难以名状的奇怪冲动和激动。

A veces seguía la llamada hasta lo profundo del tranquilo bosque.

有时他会追随呼唤，深入寂静的森林。

Buscó el llamado, ladrando suave o agudamente mientras caminaba.

他一边走一边寻找呼唤的声音，轻轻地或尖锐地吠叫。

Olfateó el musgo y la tierra negra donde crecían las hierbas.

他嗅了嗅长满草的苔藓和黑土的味道。

Resopló de alegría ante los ricos olores de la tierra profunda.

听到深层泥土的浓郁气味，他高兴地哼了一声。

Se agazapó durante horas detrás de troncos cubiertos de hongos.

他在长满真菌的树干后面蹲了几个小时。

Se quedó quieto, escuchando con los ojos muy abiertos cada pequeño sonido.

他一动不动，睁大眼睛聆听每一个细微的声音。

Quizás esperaba sorprender al objeto que le había hecho el llamado.

他或许希望给打电话的人一个惊喜。

Él no sabía por qué actuaba así: simplemente lo hacía.

他不知道自己为何这么做——他只是这么做了。

Los impulsos venían desde lo más profundo, más allá del pensamiento o la razón.

这种冲动源自内心深处，超越了思考或理性。

Impulsos irresistibles se apoderaron de Buck sin previo aviso ni razón.

无法抗拒的冲动毫无预兆或理由地占据了巴克的心。

A veces dormitaba perezosamente en el campamento bajo el calor del mediodía.

有时，在正午的酷热中，他在营地里懒洋洋地打瞌睡。

De repente, su cabeza se levantó y sus orejas se levantaron en alerta.

突然，他抬起头，警惕地竖起耳朵。

Entonces se levantó de un salto y se lanzó hacia lo salvaje sin detenerse.

然后他跳了起来，毫不停顿地冲进了荒野。

Corrió durante horas por senderos forestales y espacios abiertos.

他在森林小径和空地上跑了几个小时。

Le encantaba seguir los lechos de los arroyos secos y espiar a los pájaros en los árboles.

他喜欢沿着干涸的河床行走并观察树上的鸟儿。

Podría permanecer escondido todo el día, mirando a las perdices pavonearse.

他可以整天躲藏着，看着鹧鸪四处走动。

Ellos tamborilearon y marcharon, sin percatarse de la presencia todavía de Buck.

他们一边击鼓一边行进，完全没有注意到巴克还在。

Pero lo que más le gustaba era correr al atardecer en verano.

但他最喜欢的还是夏日黄昏时分的奔跑。

La tenue luz y los sonidos soñolientos del bosque lo llenaron de alegría.

昏暗的灯光和令人昏昏欲睡的森林声音让他充满了喜悦。

Leyó las señales del bosque tan claramente como un hombre lee un libro.

他能像读书一样清楚地读出森林里的迹象。

Y siempre buscaba aquella cosa extraña que lo llamaba.

他总是在寻找那召唤他的奇怪事物。

Ese llamado nunca se detuvo: lo alcanzaba despierto o dormido.

那个呼唤从未停止——

无论他醒着还是睡着，它都能够听到。

Una noche, se despertó sobresaltado, con los ojos alerta y las orejas alerta.

一天夜里，他突然惊醒，眼睛锐利，耳朵竖起。

Sus fosas nasales se crisparon mientras su melena se erizaba en ondas.

他的鼻孔抽动着，鬃毛竖起，像波浪一样。

Desde lo profundo del bosque volvió a oírse el sonido, el viejo llamado.

森林深处再次传来声音，那古老的呼唤。

Esta vez el sonido sonó claro, un aullido largo, inquietante y familiar.

这一次，声音很清晰，是一声悠长、萦绕心头、熟悉的嚎叫。

Era como el grito de un husky, pero extraño y salvaje en tono.

它就像哈士奇的叫声，但语气奇怪而狂野。

Buck reconoció el sonido al instante: había oído exactamente el mismo sonido hacía mucho tiempo.

巴克立刻就听出了这个声音——
他很久以前就听过这个声音。

Saltó a través del campamento y desapareció rápidamente en el bosque.

他冲过营地，迅速消失在树林里。

A medida que se acercaba al sonido, disminuyó la velocidad y se movió con cuidado.

当他靠近声音时，他放慢了速度并小心翼翼地移动。

Pronto llegó a un claro entre espesos pinos.

很快他就到达了茂密松树之间的一片空地。

Allí, erguido sobre sus cuartos traseros, estaba sentado un lobo de bosque alto y delgado.

那里，坐着一只高大、精瘦的森林狼。

La nariz del lobo apuntaba hacia el cielo, todavía haciendo eco del llamado.

狼的鼻子指向天空，仍然回荡着叫声。

Buck no había emitido ningún sonido, pero el lobo se detuvo y escuchó.

巴克没有发出任何声音，但狼却停下来听。

Sintiendo algo, el lobo se tensó y buscó en la oscuridad.

感觉到了什么，狼紧张起来，搜寻着黑暗。

Buck apareció sigilosamente, con el cuerpo agachado y los pies quietos sobre el suelo.

巴克悄悄地出现在视野中，身体低垂，双脚静静地踩在地上。

Su cola estaba recta y su cuerpo enroscado por la tensión.

他的尾巴笔直，身体因紧张而紧紧蜷缩着。

Mostró al mismo tiempo una amenaza y una especie de amistad ruda.

他既表现出威胁，又表现出一种粗鲁的友谊。

Fue el saludo cauteloso que compartían las bestias salvajes.

这是野兽之间谨慎的问候。

Pero el lobo se dio la vuelta y huyó tan pronto como vio a Buck.

但狼一看见巴克就转身逃跑了。

Buck lo persiguió, saltando salvajemente, ansioso por alcanzarlo.

巴克疯狂地跳跃，追赶它，渴望追上它。

Siguió al lobo hasta un arroyo seco bloqueado por un atasco de madera.

他跟着狼走进了一条被木材堵塞的干涸小溪。

Acorralado, el lobo giró y se mantuvo firme.

狼被逼到绝境，转身站稳了脚跟。

El lobo gruñó y mordió a su presa como un perro husky atrapado en una pelea.

狼像一只在战斗中被困住的哈士奇犬一样，发出咆哮和撕咬的声音。

Los dientes del lobo chasquearon rápidamente y su cuerpo se erizó de furia salvaje.

狼的牙齿快速咬合，身上充满狂野的怒火。

Buck no atacó, sino que rodeó al lobo con cautelosa amabilidad.

巴克没有发起攻击，而是小心翼翼地友好地绕着狼转圈。

Intentó bloquear su escape con movimientos lentos e inofensivos.

他试图通过缓慢、无害的动作来阻止自己逃跑。

El lobo estaba cauteloso y asustado: Buck pesaba tres veces más que él.

狼很警惕，也很害怕——巴克的体重是它的三倍。

La cabeza del lobo apenas llegaba hasta el enorme hombro de Buck.

狼的头刚好够到巴克宽阔的肩膀。

Al acecho de un hueco, el lobo salió disparado y la persecución comenzó de nuevo.

狼发现空隙后，拔腿就跑，追逐再次开始。

Varias veces Buck lo acorraló y el baile se repitió.

巴克多次将他逼到角落，然后又重复同样的舞蹈。

El lobo estaba delgado y débil, de lo contrario Buck no podría haberlo atrapado.

这只狼又瘦又弱，否则巴克不可能抓住它。

Cada vez que Buck se acercaba, el lobo giraba y lo enfrentaba con miedo.

每当巴克靠近时，狼就会转身并惊恐地面对他。

Luego, a la primera oportunidad, se lanzó de nuevo al bosque.

然后，他一有机会，就再次冲进了树林。

Pero Buck no se dio por vencido y finalmente el lobo comenzó a confiar en él.

但巴克没有放弃，最终狼终于信任了他。

Olió la nariz de Buck y los dos se pusieron juguetones y alertas.

他嗅了嗅巴克的鼻子，两只巴克变得嬉戏又警觉起来。

Jugaban como animales salvajes, feroces pero tímidos en su alegría.

他们像野生动物一样玩耍，快乐时凶猛，但又害羞。

Después de un rato, el lobo se alejó trotando con calma y propósito.

过了一会儿，狼平静地小跑着走开了。

Le demostró claramente a Buck que tenía la intención de que lo siguieran.

他清楚地向巴克表示他想要被跟踪。

Corrieron uno al lado del otro a través de la penumbra del crepúsculo.

他们并肩奔跑在暮色中。

Siguieron el lecho del arroyo hasta el desfiladero rocoso.

他们沿着河床走进岩石峡谷。

Cruzaron una divisoria fría donde había comenzado el arroyo.

他们穿过了溪流起源处的寒冷分水岭。

En la ladera más alejada encontraron un extenso bosque y numerosos arroyos.

在远处的山坡上，他们发现了广阔的森林和许多溪流。

Por esta vasta tierra corrieron durante horas sin parar.

在这片广袤的土地上，他们不停地奔跑了几个小时。

El sol salió más alto, el aire se calentó, pero ellos siguieron corriendo.

太阳越来越高，天气越来越暖，但他们仍继续奔跑。

Buck estaba lleno de alegría: sabía que estaba respondiendo a su llamado.

巴克心里充满了喜悦——
他知道他正在回应他的召唤。

Corrió junto a su hermano del bosque, más cerca de la fuente del llamado.

他跑到森林兄弟身边，靠近呼唤声的来源。

Los viejos sentimientos regresaron, poderosos y difíciles de ignorar.

旧日的感情又回来了，强烈而难以忽视。

Éstas eran las verdades detrás de los recuerdos de sus sueños.

这就是他梦中记忆的真相。

Todo esto ya lo había hecho antes, en un mundo distante y sombrío.

他曾经在一个遥远而阴暗的世界里做过这一切。

Ahora lo hizo de nuevo, corriendo salvajemente con el cielo abierto encima.

现在他又这样做了，在开阔的天空下狂奔。

Se detuvieron en un arroyo para beber del agua fría que fluía.

他们在一条小溪边停下来喝冰凉的流水。

Mientras bebía, Buck de repente recordó a John Thornton.

喝酒的时候，巴克突然想起了约翰·桑顿。

Se sentó en silencio, desgarrado por la atracción de la lealtad y el llamado.

他默默地坐了下来，忠诚和使命的牵引让他心力交瘁。

El lobo siguió trotando, pero regresó para impulsar a Buck a seguir adelante.

狼继续小跑，但又回来催促巴克前进。

Le olisqueó la nariz y trató de convencerlo con gestos suaves.

他嗅了嗅他的鼻子，并试图用温柔的动作哄他。

Pero Buck se dio la vuelta y comenzó a regresar por donde había venido.

但巴克却转身，沿着来时的路返回。

El lobo corrió a su lado durante un largo rato, gimiendo silenciosamente.

狼在他旁边跑了很久，小声地哀嚎着。

Luego se sentó, levantó la nariz y dejó escapar un largo aullido.

然后他坐下来，抬起鼻子，发出一声长长的嚎叫。

Fue un grito triste, que se suavizó cuando Buck se alejó.

这是一声悲伤的哭喊，随着巴克走开，哭喊声渐渐减弱了。

Buck escuchó mientras el sonido del grito se desvanecía lentamente en el silencio del bosque.

巴克听着哭喊声渐渐消失在森林的寂静中。

John Thornton estaba cenando cuando Buck irrumpió en el campamento.

当巴克冲进营地时，约翰·桑顿正在吃晚饭。

Buck saltó sobre él salvajemente, lamiéndolo, mordiéndolo y haciéndolo caer.

巴克疯狂地向他扑来，舔他、咬他、把他推倒。

Lo derribó, se subió encima y le besó la cara.

他把他打倒，爬到他身上，亲吻他的脸。

Thornton lo llamó con cariño "hacer el tonto en general".

桑顿深情地将此称为"愚弄大众"。

Mientras tanto, maldijo a Buck suavemente y lo sacudió de un lado a otro.

他一直轻轻地咒骂着巴克，并来回摇晃他。

Durante dos días y dos noches enteras, Buck no abandonó el campamento ni una sola vez.

整整两天两夜，巴克一次也没有离开营地。

Se mantuvo cerca de Thornton y nunca lo perdió de vista.

他一直跟在桑顿身边，从不让他离开自己的视线。

Lo siguió mientras trabajaba y lo observó mientras comía.

他跟着他干活，看着他吃饭。

Acompañaba a Thornton con sus mantas por la noche y lo salía cada mañana.

他看到桑顿每天晚上钻进毯子里，早上又钻出毯子。

Pero pronto el llamado del bosque regresó, más fuerte que nunca.

但很快森林的呼唤又回来了，而且比以前更加响亮。

Buck volvió a inquietarse, agitado por los pensamientos del lobo salvaje.

巴克又开始焦躁起来，他一想到野狼就烦躁不安。

Recordó el terreno abierto y correr uno al lado del otro.

他记得在开阔的土地上并肩奔跑。

Comenzó a vagar por el bosque una vez más, solo y alerta.

他再次独自一人，警惕地走进森林。

Pero el hermano salvaje no regresó y el aullido no se escuchó.

可是野性兄弟没有回来，也没有听到嚎叫。

Buck comenzó a dormir a la intemperie, manteniéndose alejado durante días.

巴克开始在外面睡觉，一次出去好几天。

Una vez cruzó la alta divisoria donde había comenzado el arroyo.

有一次，他越过了小溪源头处的高分水岭。

Entró en la tierra de la madera oscura y de los arroyos anchos y fluidos.

他进入了一片有着深色木材和宽阔溪流的土地。

Durante una semana vagó en busca de señales del hermano salvaje.

他四处游荡了一周，寻找野生兄弟的踪迹。

Mataba su propia carne y viajaba con pasos largos e incansables.

他亲手宰杀了肉，然后迈着不知疲倦的长步前进。

Pescaba salmón en un ancho río que llegaba al mar.

他在一条流入大海的宽阔河流中捕捞鲑鱼。

Allí luchó y mató a un oso negro enloquecido por los insectos.

在那里，他与一只被虫子逼疯的黑熊搏斗并杀死了它。

El oso estaba pescando y corrió ciegamente entre los árboles.

这只熊一直在钓鱼，然后盲目地在树林里奔跑。

La batalla fue feroz y despertó el profundo espíritu de lucha de Buck.

战斗十分激烈，唤醒了巴克深厚的战斗精神。

Dos días después, Buck regresó y encontró glotones en su presa.

两天后，巴克回来发现狼獾正围着他的猎物。

Una docena de ellos se pelearon con furia y ruidosidad por la carne.

他们十几个人为了肉吵吵闹闹、争吵不休。

Buck cargó y los dispersó como hojas en el viento.

巴克冲了过来，把他们像风中的落叶一样吹散了。

Dos lobos permanecieron atrás, silenciosos, sin vida e inmóviles para siempre.

留下了两只狼——沉默、毫无生气、永远一动不动。

La sed de sangre se hizo más fuerte que nunca.

对鲜血的渴望比以往任何时候都更加强烈。

Buck era un cazador, un asesino, que se alimentaba de criaturas vivas.

巴克是一名猎人、一名杀手，以活物为食。

Sobrevivió solo, confiando en su fuerza y sus sentidos agudos.

他依靠自己的力量和敏锐的感觉独自生存了下来。

Prosperó en la naturaleza, donde sólo los más resistentes podían vivir.

他在野外茁壮成长，那里只有最坚强的人才能生存。

A partir de esto, un gran orgullo surgió y llenó todo el ser de Buck.

从此，一股巨大的自豪感油然而生，充满了巴克的整个身心。

Su orgullo se reflejaba en cada uno de sus pasos, en el movimiento de cada músculo.

他的每一个脚步、每一块肌肉的波动都彰显着他的骄傲。

Su orgullo era tan claro como sus palabras, y se reflejaba en su manera de comportarse.

他的骄傲就像言语一样明显，从他的举止中可以看出来。

Incluso su grueso pelaje parecía más majestuoso y brillaba más.

就连他厚厚的皮毛也显得更加威严、更加闪亮。

Buck podría haber sido confundido con un lobo gigante.

巴克可能会被误认为是一只巨大的森林狼。

A excepción del color marrón en el hocico y las manchas sobre los ojos.

除了口鼻部是棕色的，眼睛上方有斑点。

Y la raya blanca de pelo que corría por el centro de su pecho.

还有一条白色的毛发从他的胸部中央垂下来。

Era incluso más grande que el lobo más grande de esa feroz raza.

他甚至比那种凶猛品种中最大的狼还要大。

Su padre, un San Bernardo, le dio tamaño y complexión robusta.

他的父亲是一只圣伯纳犬，赋予了他高大魁梧的体格。

Su madre, una pastora, moldeó esa masa hasta darle forma de lobo.

他的母亲是一位牧羊人，她将这个庞然大物塑造成了狼的形状。

Tenía el hocico largo de un lobo, aunque más pesado y ancho.

他有着像狼一样的长嘴，但更重、更宽。

Su cabeza era la de un lobo, pero construida en una escala enorme y majestuosa.

他的头是狼头，但体型巨大，威严雄伟。

La astucia de Buck era la astucia del lobo y de la naturaleza.

巴克的狡猾是狼的狡猾，是野性的狡猾。

Su inteligencia provenía tanto del pastor alemán como del san bernardo.

他的智力既来自德国牧羊犬，也来自圣伯纳犬。

Todo esto, más la dura experiencia, lo convirtieron en una criatura temible.

所有这些，再加上严酷的经历，使他成为一个可怕的生物。

Era tan formidable como cualquier bestia que vagaba por las tierras salvajes del norte.

他和北方荒野中游荡的任何野兽一样强大。

Viviendo sólo de carne, Buck alcanzó el máximo nivel de su fuerza.

巴克只吃肉，体力就达到了顶峰。

Rebosaba poder y fuerza masculina en cada fibra de él.

他的每一个细胞都充满着力量和男性的力量。

Cuando Thornton le acarició la espalda, sus pelos brillaron con energía.

当桑顿抚摸他的背部时，他的毛发便闪烁着活力。

Cada cabello crujió, cargado con el toque de un magnetismo vivo.

每根头发都发出噼啪声，充满了活生生的磁力。

Su cuerpo y su cerebro estaban afinados al máximo nivel posible.

他的身体和大脑已经调整到了最佳状态。

Cada nervio, fibra y músculo trabajaba en perfecta armonía.

每根神经、纤维和肌肉都完美地协调运作。

Ante cualquier sonido o visión que requiriera acción, él respondía instantáneamente.

对于任何需要采取行动的声音或景象，他都会立即做出反应。

Si un husky saltaba para atacar, Buck podía saltar el doble de rápido.

如果哈士奇跳起来攻击，巴克可以跳得快两倍。

Reaccionó más rápido de lo que los demás pudieron verlo o escuchar.

他的反应比其他人看到或听到的还要快。

La percepción, la decisión y la acción se produjeron en un momento fluido.

感知、决策和行动都在一个流畅的时刻发生。

En realidad, estos actos fueron separados, pero demasiado rápidos para notarlos.

事实上，这些行为是分开的，但速度太快而难以察觉。

Los intervalos entre estos actos fueron tan breves que parecían uno solo.

这些动作之间的间隔非常短暂，看起来就像一个动作。

Sus músculos y su ser eran como resortes fuertemente enrollados.

他的肌肉和身躯就像紧紧盘绕的弹簧一样。

Su cuerpo rebosaba de vida, salvaje y alegre en su poder.
他的身体充满了生命力，充满狂野和快乐。

A veces sentía como si la fuerza fuera a estallar fuera de él
por completo.
有时他感觉力量就要从他体内完全爆发出来。

"Nunca vi un perro así", dijo Thornton un día tranquilo.
"从来没有过这样的狗，"桑顿在一个平静的日子里
说道。

Los socios observaron a Buck alejarse orgullosamente del
campamento.
伙伴们看着巴克骄傲地大步走出营地。

"Cuando lo crearon, cambió lo que un perro puede ser", dijo
Pete.
皮特说："当他被创造出来时，他改变了狗的本质。
"

—¡Por Dios! Yo también lo creo —respondió Hans
rápidamente.
"天哪！我自己也这么认为，"汉斯很快就同意了。

Lo vieron marcharse, pero no el cambio que vino después.
他们看见他离开，却没有看到随后发生的变化。

Tan pronto como entró en el bosque, Buck se transformó por
completo.
一进入树林，巴克就完全变了样。

Ya no marchaba, sino que se movía como un fantasma
salvaje entre los árboles.
他不再行进，而是像树林中的野鬼一样移动。

Se quedó en silencio, con pasos de gato, un destello que
pasaba entre las sombras.
他变得沉默不语，脚步轻快，身影在阴影中闪动。

Utilizó la cubierta con habilidad, arrastrándose sobre su
vientre como una serpiente.
他熟练地利用掩护，像蛇一样匍匐前进。

Y como una serpiente, podía saltar hacia adelante y atacar en
silencio.

就像一条蛇，他可以悄无声息地向前跳跃并发起攻击。

Podría robar una perdiz nival directamente de su nido escondido.
他可以直接从隐藏的巢穴中偷走一只雷鸟。

Mató conejos dormidos sin hacer un solo sonido.
他悄无声息地杀死了熟睡的兔子。

Podía atrapar ardillas en el aire cuando huían demasiado lentamente.
他可以在半空中抓住逃跑速度太慢的花栗鼠。

Ni siquiera los peces en los estanques podían escapar de sus ataques repentinos.
就连池塘里的鱼也无法逃脱他的突然袭击。

Ni siquiera los castores más inteligentes que arreglaban presas estaban a salvo de él.
甚至连修缮水坝的聪明海狸也无法逃脱他的攻击。

Él mataba por comida, no por diversión, pero prefería matar a sus propias víctimas.
他杀生是为了食物，而不是为了乐趣——
但他最喜欢自己杀死的猎物。

Aun así, un humor astuto impregnaba algunas de sus cacerías silenciosas.
尽管如此，他的一些无声狩猎中仍流露出一种狡黠的幽默。

Se acercó sigilosamente a las ardillas, pero las dejó escapar.
他悄悄靠近松鼠，却让它们逃走了。

Iban a huir hacia los árboles, parloteando con terrible indignación.
它们正要逃到树林里，一边发出恐惧和愤怒的声音。

A medida que llegaba el otoño, los alces comenzaron a aparecer en mayor número.
随着秋天的到来，驼鹿的数量开始增多。

Avanzaron lentamente hacia los valles bajos para encontrarse con el invierno.
它们慢慢地迁入低谷，度过冬天。

Buck ya había derribado a un ternero joven y perdido.
巴克已经捕获了一头迷路的小牛犊。

Pero anhelaba enfrentarse a presas más grandes y peligrosas.
但他渴望面对更大、更危险的猎物。

Un día, en la divisoria, a la altura del nacimiento del arroyo, encontró su oportunidad.
有一天，在分水岭上，在小溪的源头，他找到了机会。

Una manada de veinte alces había cruzado desde tierras boscosas.
一群二十头驼鹿从森林地带走过来。

Entre ellos había un poderoso toro; el líder del grupo.
其中有一头威武的公牛，它是这群公牛的首领。

El toro medía más de seis pies de alto y parecía feroz y salvaje.
这头公牛身高超过六英尺，看上去凶猛而狂野。

Lanzó sus anchas astas, con catorce puntas ramificándose hacia afuera.
他摇晃着宽大的鹿角，十四个角向外分叉。

Las puntas de esas astas se extendían siete pies de ancho.
这些鹿角的尖端长达七英尺。

Sus pequeños ojos ardieron de rabia cuando vio a Buck cerca.
当他发现巴克在附近时，他的小眼睛里燃起了愤怒的火焰。

Soltó un rugido furioso, temblando de furia y dolor.
他发出一声愤怒的咆哮，因愤怒和痛苦而颤抖。

Una punta de flecha sobresalía cerca de su flanco, emplumada y afilada.
一支箭尖从他的侧腹附近伸出，呈羽毛状，十分锋利。

Esta herida ayudó a explicar su humor salvaje y amargado.
这处伤口解释了他野蛮、痛苦的情绪。

Buck, guiado por su antiguo instinto de caza, hizo su movimiento.

巴克在古老的狩猎本能的指引下采取了行动。

Su objetivo era separar al toro del resto de la manada.

他的目的是将这头公牛与其他牛群区分开。

No fue una tarea fácil: requirió velocidad y una astucia feroz.

这不是一件容易的事——它需要速度和敏锐的智慧。

Ladró y bailó cerca del toro, fuera de su alcance.

他在公牛附近吠叫并跳舞，但刚好超出了它的射程。

El alce atacó con enormes pezuñas y astas mortales.

驼鹿用巨大的蹄子和致命的鹿角猛扑过来。

Un golpe podría haber acabado con la vida de Buck en un instante.

一次打击就可能瞬间结束巴克的生命。

Incapaz de dejar atrás la amenaza, el toro se volvió loco.

公牛无法摆脱威胁，变得疯狂。

Él cargó con furia, pero Buck siempre se le escapaba.

他愤怒地冲锋，但巴克总是溜走。

Buck fingió debilidad, lo que lo alejó aún más de la manada.

巴克假装虚弱，引诱他远离牛群。

Pero los toros jóvenes estaban a punto de atacar para proteger al líder.

但年轻的公牛会冲回来保护领头牛。

Obligaron a Buck a retirarse y al toro a reincorporarse al grupo.

他们迫使巴克撤退，并迫使公牛重新加入群体。

Hay una paciencia en lo salvaje, profunda e imparable.

野性中蕴藏着一种忍耐，深沉而不可阻挡。

Una araña espera inmóvil en su red durante incontables horas.

一只蜘蛛在网中一动不动地等待了无数个小时。

Una serpiente se enrosca sin moverse y espera hasta que llega el momento.

蛇盘绕着身体，不抽搐，等待时机成熟。

Una pantera acecha hasta que llega el momento.

一只豹子埋伏着，等待时机到来。

Ésta es la paciencia de los depredadores que cazan para sobrevivir.

这是为了生存而狩猎的掠食者的耐心。

Esa misma paciencia ardía dentro de Buck mientras se quedaba cerca.

当巴克靠近他时，他的心里也燃烧着同样的耐心。

Se quedó cerca de la manada, frenando su marcha y sembrando el miedo.

他待在牛群附近，减缓牛群的行进速度并引起恐惧。

Provocaba a los toros jóvenes y acosaba a las vacas madres.

他戏弄小公牛并骚扰母牛。

Empujó al toro herido hacia una rabia más profunda e impotente.

他让受伤的公牛陷入更深的、无助的狂怒之中。

Durante medio día, la lucha se prolongó sin descanso alguno.

足足有半天的时间，战斗一直持续着，没有丝毫的停歇。

Buck atacó desde todos los ángulos, rápido y feroz como el viento.

巴克从各个角度发起攻击，速度快如风，凶猛如风。

Impidió que el toro descansara o se escondiera con su manada.

他阻止公牛休息或与牛群一起躲藏。

Buck desgastó la voluntad del alce más rápido que su cuerpo.

巴克消灭驼鹿的意志比消灭它的身体的速度还快。

El día transcurrió y el sol se hundió en el cielo del noroeste.

一天过去了，太阳低低地沉入西北的天空。

Los toros jóvenes regresaron más lentamente para ayudar a su líder.

年轻的公牛慢慢地返回去帮助它们的首领。

Las noches de otoño habían regresado y la oscuridad ahora duraba seis horas.

秋夜又回来了，黑暗持续了六个小时。

El invierno los estaba empujando cuesta abajo hacia valles más seguros y cálidos.

冬天迫使他们下山，进入更安全、更温暖的山谷。

Pero aún así no pudieron escapar del cazador que los retenía.

但他们仍然无法逃脱阻止他们的猎人。

Sólo una vida estaba en juego: no la de la manada, sino la de su líder.

只有一个人的生命受到威胁——

不是牛群的生命，而是牛群首领的生命。

Eso hizo que la amenaza fuera distante y no su preocupación urgente.

这使得威胁变得遥远，不再是他们迫切需要关注的问题。

Con el tiempo, aceptaron ese coste y dejaron que Buck se llevara al viejo toro.

最终，他们接受了这个代价并让巴克带走了这头老公牛。

Al caer la tarde, el viejo toro permanecía con la cabeza gacha.

暮色降临，老公牛低着头站着。

Observó cómo la manada que había guiado se desvanecía en la luz que se desvanecía.

他看着自己带领的牛群消失在渐渐暗淡的光线中。

Había vacas que había conocido, terneros que una vez había engendrado.

那里有他认识的母牛，也有他曾经养育过的小牛。

Había toros más jóvenes con los que había luchado y gobernado en temporadas pasadas.

在过去的几个季节里，他曾与一些年轻的公牛搏斗并获胜。

No pudo seguirlos, pues frente a él estaba agazapado nuevamente Buck.

他无法跟随他们——因为巴克又蹲在他面前。

El terror despiadado con colmillos bloqueó cualquier camino que pudiera tomar.

这只长着无情尖牙的恐怖怪物挡住了他的每一条路。

El toro pesaba más de trescientos kilos de densa potencia.
这头公牛体重超过三百磅，蕴含着强大的力量。

Había vivido mucho tiempo y luchado con ahínco en un mundo de luchas.
他活了很久，并在充满斗争的世界中努力奋斗。

Pero ahora, al final, la muerte vino de una bestia muy inferior a él.
然而现在，最终，死亡却来自远在他之下的野兽。

La cabeza de Buck ni siquiera llegó a alcanzar las enormes rodillas del toro.
巴克的头甚至没有抬到公牛巨大的膝盖。

A partir de ese momento, Buck permaneció con el toro noche y día.
从那一刻起，巴克就日夜和公牛呆在一起。

Nunca le dio descanso, nunca le permitió pastar ni beber.
他从不让他休息，从不让他吃草或喝水。

El toro intentó comer brotes tiernos de abedul y hojas de sauce.
公牛试图吃嫩桦树芽和柳树叶。

Pero Buck lo ahuyentó, siempre alerta y siempre atacando.
但巴克把他赶走了，他始终保持警惕，不断发起攻击。

Incluso ante arroyos que goteaban, Buck bloqueó cada intento de sed.
即使在涓涓细流旁，巴克也会阻止每一次口渴的尝试。

A veces, desesperado, el toro huía a toda velocidad.
有时，公牛绝望了，会全速逃跑。

Buck lo dejó correr, trotando tranquilamente detrás, nunca muy lejos.
巴克让他跑，自己则在后面平静地奔跑，不远离。

Cuando el alce se detuvo, Buck se acostó, pero se mantuvo listo.
当驼鹿停下来时，巴克躺下，但仍保持准备状态。

Si el toro intentaba comer o beber, Buck atacaba con toda furia.

如果公牛试图吃东西或喝水，巴克就会愤怒地攻击它。

La gran cabeza del toro se hundió aún más bajo sus enormes astas.

公牛的大脑袋在巨大的鹿角下低垂着。

Su paso se hizo más lento, el trote se hizo pesado, un paso tambaleante.

他的步伐慢了下来，小跑变得沉重，步履蹒跚。

A menudo se quedaba quieto con las orejas caídas y la nariz pegada al suelo.

他经常静静地站着，耳朵和鼻子耷拉在地上。

Durante esos momentos, Buck se tomó tiempo para beber y descansar.

在那些时刻，巴克会花时间喝水和休息。

Con la lengua afuera y los ojos fijos, Buck sintió que la tierra estaba cambiando.

巴克伸出舌头，双眼凝视，感觉到土地正在发生变化。

Sintió algo nuevo moviéndose a través del bosque y el cielo.

他感觉到森林和天空中有一些新的东西在移动。

A medida que los alces regresaban, también lo hacían otras criaturas salvajes.

随着驼鹿的回归，其他野生动物也随之回归。

La tierra se sentía viva, con presencia, invisible pero fuertemente conocida.

这片土地充满生机，虽然看不见，却又为人熟知。

No fue por el sonido, ni por la vista, ni por el olfato que Buck supo esto.

巴克并不是通过声音、视觉或嗅觉知道这一点的。

Un sentimiento más profundo le decía que nuevas fuerzas estaban en movimiento.

一种更深层次的感觉告诉他，新的力量正在行动。

Una vida extraña se agitaba en los bosques y a lo largo de los arroyos.

奇异的生命在树林和溪流间活跃起来。

Decidió explorar este espíritu, después de que la caza se completara.

狩猎结束后，他决定探索这个灵魂。

Al cuarto día, Buck finalmente logró derribar al alce.

第四天，巴克终于把驼鹿打倒了。

Se quedó junto a la presa durante un día y una noche enteros, alimentándose y descansando.

他在猎物旁边呆了一整天一夜，进食、休息。

Comió, luego durmió, luego volvió a comer, hasta que estuvo fuerte y lleno.

他吃饭、睡觉，然后再吃饭，直到他强壮、饱足。

Cuando estuvo listo, regresó hacia el campamento y Thornton.

当他准备好时，他转身返回营地和桑顿。

Con ritmo constante, inició el largo viaje de regreso a casa.

他迈着稳健的步伐，开始了漫长的归途。

Corría con su incansable galope, hora tras hora, sin desviarse jamás.

他不知疲倦地奔跑，一个小时又一个小时，从未走失。

A través de tierras desconocidas, se movió recto como la aguja de una brújula.

在穿越未知的土地时，他像指南针一样笔直地前进。

Su sentido de la orientación hacía que el hombre y el mapa parecieran débiles en comparación.

相比之下，他的方向感让人类和地图都显得无力。

A medida que Buck corría, sentía con más fuerza la agitación en la tierra salvaje.

巴克越跑，就越强烈地感受到荒野的骚动。

Era un nuevo tipo de vida, diferente a la de los tranquilos meses de verano.

这是一种新的生活，不同于平静的夏季生活。

Este sentimiento ya no llegaba como un mensaje sutil o distante.

这种感觉不再是一种微妙或遥远的信息。

Ahora los pájaros hablaban de esta vida y las ardillas parloteaban sobre ella.

现在鸟儿们谈论着这种生活，松鼠们也喋喋不休地谈论着它。

Incluso la brisa susurraba advertencias a través de los árboles silenciosos.

甚至连微风在寂静的树林间低声发出警告。

Varias veces se detuvo y olió el aire fresco de la mañana.

他多次停下来，呼吸着早晨的新鲜空气。

Allí leyó un mensaje que le hizo avanzar más rápido.

他在那里读了一条信息，这让他向前跳跃得更快了。

Una fuerte sensación de peligro lo llenó, como si algo hubiera salido mal.

一种浓重的危机感弥漫在他的心头，仿佛有什么事情出了差错。

Temía que se avecinara una calamidad, o que ya hubiera ocurrido.

他担心灾难即将来临——或者已经来临。

Cruzó la última cresta y entró en el valle de abajo.

他越过最后一座山脊，进入了下面的山谷。

Se movió más lentamente, alerta y cauteloso con cada paso.

他走得更慢了，每一步都警惕而谨慎。

A tres millas de distancia encontró un nuevo rastro que lo hizo ponerse rígido.

走出三英里后，他发现了一条新鲜的小路，这让他感到一阵僵硬。

El cabello de su cuello se onduló y se erizó en señal de alarma.

他脖子上的毛发惊恐地竖了起来。

El sendero conducía directamente al campamento donde Thornton esperaba.

这条小路笔直通向桑顿等候的营地。

Buck se movió más rápido ahora, su paso era silencioso y rápido.

巴克现在走得更快了，他的步伐既安静又迅速。

Sus nervios se tensaron al leer señales que otros no verían.

当他看到别人可能忽略的迹象时，他的神经变得紧张起来。

Cada detalle del recorrido contaba una historia, excepto la pieza final.

小径上的每一个细节都讲述着一个故事——
除了最后一段。

Su nariz le contaba sobre la vida que había transcurrido por allí.

他的鼻子告诉他这条路上过去的生活。

El olor le dio una imagen cambiante mientras lo seguía de cerca.

当他紧随其后时，气味使他看到了不断变化的画面。

Pero el bosque mismo había quedado en silencio; anormalmente quieto.

但森林本身却变得安静，异常安静。

Los pájaros habían desaparecido, las ardillas estaban escondidas, silenciosas y quietas.

鸟儿消失了，松鼠也躲了起来，静静地。

Sólo vio una ardilla gris, tumbada sobre un árbol muerto.

他只看到一只灰松鼠趴在一棵枯树上。

La ardilla se mimetizó, rígida e inmóvil como una parte del bosque.

松鼠融入其中，僵硬而一动不动，就像森林的一部分。

Buck se movía como una sombra, silencioso y seguro entre los árboles.

巴克像影子一样移动，悄无声息、坚定地穿过树林。

Su nariz se movió hacia un lado como si una mano invisible la tirara.

他的鼻子猛地向一侧歪去，仿佛被一只看不见的手拉扯着。

Se giró y siguió el nuevo olor hasta lo profundo de un matorral.

他转身，循着新的气味走进了灌木丛深处。

Allí encontró a Nig, que yacía muerto, atravesado por una flecha.

他发现尼格躺在那里死了，身上被箭射穿。

La flecha atravesó su cuerpo y aún se le veían las plumas.

箭杆穿透了他的身体，羽毛仍然露出。

Nig se arrastró hasta allí, pero murió antes de llegar para recibir ayuda.

尼格拖着自己到达那里，但在得到救援之前就死了。

Cien metros más adelante, Buck encontró otro perro de trineo.

再往前走一百码，巴克发现了另一只雪橇犬。

Era un perro que Thornton había comprado en Dawson City.

这是桑顿在道森市买回来的一只狗。

El perro se encontraba en una lucha a muerte, agitándose con fuerza en el camino.

这只狗正在进行殊死挣扎，在路上拼命挣扎。

Buck pasó a su alrededor, sin detenerse, con los ojos fijos hacia adelante.

巴克从他身边走过，没有停留，眼睛直视前方。

Desde la dirección del campamento llegaba un canto distante y rítmico.

从营地方向传来一阵遥远而有节奏的吟唱声。

Las voces subían y bajaban en un tono extraño, inquietante y cantarín.

声音以一种奇怪、怪异、唱歌般的音调响起又落下。

Buck se arrastró hacia el borde del claro en silencio.

巴克默默地爬到空地的边缘。

Allí vio a Hans tendido boca abajo, atravesado por muchas flechas.

他看到汉斯面朝下躺着，身上中了许多箭。

Su cuerpo parecía el de un puercoespín, erizado de plumas.

他的身体看上去像一只豪猪，身上长满了羽毛。

En ese mismo momento, Buck miró hacia la cabaña en ruinas.

与此同时，巴克看向了那间被毁坏的小屋。

La visión hizo que se le erizara el pelo de la nuca y de los hombros.

这一幕让他脖子和肩膀上的汗毛都竖了起来。

Una tormenta de furia salvaje recorrió todo el cuerpo de Buck.

狂暴的怒火席卷了巴克的全身。

Gruñó en voz alta, aunque no sabía que lo había hecho.

他大声咆哮，尽管他不知道自己已经咆哮了。

El sonido era crudo, lleno de furia aterradora y salvaje.

那声音很生硬，充满了恐怖、野蛮的愤怒。

Por última vez en su vida, Buck perdió la razón ante la emoción.

巴克一生中最后一次失去了理智，被情感所笼罩。

Fue el amor por John Thornton lo que rompió su cuidadoso control.

正是对约翰·桑顿的爱打破了他小心翼翼的控制。

Los Yeehats estaban bailando alrededor de la cabaña de abetos en ruinas.

伊哈特人正在被毁坏的云杉小屋周围跳舞。

Entonces se escuchó un rugido y una bestia desconocida cargó hacia ellos.

随后传来一声咆哮——

一只不知名的野兽向他们冲来。

Era Buck; una furia en movimiento; una tormenta viviente de venganza.

那是巴克；是一股正在运动的狂怒；是一场活生生的复仇风暴。

Se arrojó en medio de ellos, loco por la necesidad de matar.

他冲进他们中间，疯狂地想要杀戮。

Saltó hacia el primer hombre, el jefe Yeehat, y acertó.

他向第一个人，也就是 Yeehat 酋长，猛扑过去，击中了他。

Su garganta fue desgarrada y la sangre brotó a chorros.

他的喉咙被撕开，鲜血喷涌而出。

Buck no se detuvo, sino que desgarró la garganta del siguiente hombre de un salto.

巴克没有停下来，而是一跃而起，撕开了下一个人的喉咙。

Era imparable: desgarraba, cortaba y nunca se detenía a descansar.

他势不可挡——不断撕扯、砍杀，永不停歇。

Se lanzó y saltó tan rápido que sus flechas no pudieron tocarlo.

他飞快地冲刺，以至于他们的箭无法射到他。

Los Yeehats estaban atrapados en su propio pánico y confusión.

耶哈特人也陷入了自己的恐慌和困惑之中。

Sus flechas no alcanzaron a Buck y se alcanzaron entre sí.

他们的箭没有射中巴克，而是射中了彼此。

Un joven le lanzó una lanza a Buck y golpeó a otro hombre.

一名年轻人向巴克扔了一支长矛，并击中了另一个人。

La lanza le atravesó el pecho y la punta le atravesó la espalda.

长矛刺穿了他的胸膛，矛尖刺穿了他的后背。

El terror se apoderó de los Yeehats y se retiraron por completo.

恐惧席卷了耶哈特人，他们全线撤退。

Gritaron al Espíritu Maligno y huyeron hacia las sombras del bosque.

他们尖叫着害怕恶魔并逃进了森林的阴影中。

En verdad, Buck era como un demonio mientras perseguía a los Yeehats.

确实，当巴克追击耶哈特人时，他就像一个恶魔。

Él los persiguió a través del bosque, derribándolos como si fueran ciervos.

他穿过森林追赶他们，像猎杀鹿一样将他们击倒。

Se convirtió en un día de destino y terror para los asustados Yeehats.

对于惊恐万分的耶哈特人来说，这一天成为了命运和恐怖的一天。

Se dispersaron por toda la tierra, huyendo lejos en todas direcciones.

他们四散逃窜，逃往各地。

Pasó una semana entera antes de que los últimos supervivientes se reunieran en un valle.

整整一周后，最后的幸存者在山谷中相遇。

Sólo entonces contaron sus pérdidas y hablaron de lo sucedido.

直到那时，他们才计算自己的损失并讲述所发生的事情。

Buck, después de cansarse de la persecución, regresó al campamento en ruinas.

巴克追逐累了之后，返回了被毁坏的营地。

Encontró a Pete, todavía en sus mantas, muerto en el primer ataque.

他发现皮特还盖着毯子，在第一次袭击中丧生。

Las señales de la última lucha de Thornton estaban marcadas en la tierra cercana.

附近的泥土上留下了桑顿最后一次挣扎的痕迹。

Buck siguió cada rastro, olfateando cada marca hasta un punto final.

巴克跟踪着每一条踪迹，嗅探着每一个痕迹，直到找到最终的点。

En el borde de un estanque profundo, encontró al fiel Skeet, tumbado inmóvil.

在一个深水池边，他发现忠实的斯基特一动不动地躺着。

La cabeza y las patas delanteras de Skeet estaban en el agua, inmóviles por la muerte.

斯基特的头和前爪浸在水中，一动不动，一命呜呼。

La piscina estaba fangosa y contaminada por el agua que salía de las compuertas.

水池很泥泞，被水闸箱里的径流污染了。

Su superficie nublada ocultaba lo que había debajo, pero Buck sabía la verdad.

阴云密布的表面掩盖了其下的东西，但巴克知道真相。

Siguió el rastro del olor de Thornton hasta la piscina, pero el olor no lo condujo a ningún otro lugar.

他循着桑顿的气味来到水池里——

但是这气味却没有指向别处。

No había ningún olor que indicara que salía, solo el silencio de las aguas profundas.

没有散发出任何气味——只有深水的寂静。

Buck permaneció todo el día cerca de la piscina, paseando de un lado a otro del campamento con tristeza.

巴克整天待在水池附近，悲伤地在营地里踱步。

Vagaba inquieto o permanecía sentado en silencio, perdido en pesados pensamientos.

他或焦躁不安地徘徊，或静静地坐着，陷入沉思。

Él conocía la muerte; el fin de la vida; la desaparición de todo movimiento.

他知道死亡；生命的终结；一切运动的消失。

Comprendió que John Thornton se había ido y que nunca regresaría.

他知道约翰·桑顿已经走了，永远不会回来了。

La pérdida dejó en él un vacío que palpitaba como el hambre.

失去让他心里空落落的，像饥饿一样悸动。

Pero ésta era un hambre que la comida no podía calmar, por mucho que comiera.

但这是一种食物无法缓解的饥饿，无论他吃多少。

A veces, mientras miraba a los Yeehats muertos, el dolor se desvanecía.

有时，当他看到死去的伊哈特人时，痛苦就消失了。

Y entonces un orgullo extraño surgió dentro de él, feroz y completo.

然后，他内心深处升起一股奇怪的骄傲，强烈而彻底。

Había matado al hombre, la presa más alta y peligrosa de todas.

他杀死了人类，这是最高级、最危险的游戏。

Había matado desafiando la antigua ley del garrote y el colmillo.

他违反了棍棒和尖牙的古老法则而杀人。

Buck olió sus cuerpos sin vida, curioso y pensativo.

巴克好奇而又若有所思地嗅着它们毫无生气的身体。

Habían muerto con tanta facilidad, mucho más fácil que un husky en una pelea.

他们死得太容易了——比打架的哈士奇死得还容易。

Sin sus armas, no tenían verdadera fuerza ni representaban una amenaza.

没有武器，他们就没有真正的力量或威胁。

Buck nunca volvería a temerles, a menos que estuvieran armados.

巴克再也不会害怕他们了，除非他们带着武器。

Sólo tenía cuidado cuando llevaban garrotes, lanzas o flechas.

只有当他们携带棍棒、长矛或箭时他才会小心。

Cayó la noche y la luna llena se elevó por encima de las copas de los árboles.

夜幕降临，一轮圆月高高地升起在树梢之上。

La pálida luz de la luna bañaba la tierra con un resplandor suave y fantasmal, como el del día.

月亮的苍白光芒笼罩着大地，使大地笼罩在柔和、幽灵般的光芒之中，如同白昼。

A medida que la noche avanzaba, Buck seguía de luto junto al estanque silencioso.

夜色越来越深，巴克依然在寂静的水池边哀悼。

Entonces se dio cuenta de que había un movimiento diferente en el bosque.

然后他意识到森林里有不一样的动静。

El movimiento no provenía de los Yeehats, sino de algo más antiguo y más profundo.

这种激动并非来自耶哈特人，而是来自某种更古老、更深层次的东西。

Se puso de pie, con las orejas levantadas y la nariz palpando la brisa con cuidado.

他站起来，竖起耳朵，用鼻子仔细地感受着微风。

Desde lejos llegó un grito débil y agudo que rompió el silencio.

远处传来一声微弱而尖锐的尖叫，划破了寂静。

Luego, un coro de gritos similares siguió de cerca al primero.

紧接着，又是一阵类似的哭喊声。

El sonido se acercaba cada vez más y se hacía más fuerte a cada momento que pasaba.

声音越来越近，而且越来越大。

Buck conocía ese grito: venía de ese otro mundo en su memoria.

巴克熟悉这声叫喊——
它来自他记忆中的另一个世界。

Caminó hasta el centro del espacio abierto y escuchó atentamente.

他走到空地中央，仔细聆听。

El llamado resonó, múltiple y más poderoso que nunca.

号召响起，引起了广泛关注，并且比以往任何时候都更加强大。

Y ahora, más que nunca, Buck estaba listo para responder a su llamado.

现在，巴克比以往任何时候都更愿意响应他的召唤。

John Thornton había muerto y ya no tenía ningún vínculo con el hombre.

约翰·桑顿已经死了，他与人类的联系已不复存在。

El hombre y todos sus derechos humanos habían desaparecido: él era libre por fin.

人类和所有人类的权利都消失了——他终于自由了。

La manada de lobos estaba persiguiendo carne como lo hicieron alguna vez los Yeehats.

狼群像耶哈特人曾经做的那样追逐肉食。

Habían seguido a los alces desde las tierras boscosas.

他们跟着驼鹿从林地下来。

Ahora, salvajes y hambrientos de presa, cruzaron hacia su valle.

现在，它们变得狂野，渴望猎物，于是进入了他的山谷。

Llegaron al claro iluminado por la luna, fluyendo como agua plateada.

他们来到月光下的空地上，像银色的水一样流淌。

Buck permaneció quieto en el centro, inmóvil y esperándolos.

巴克静静地站在中心，一动不动地等待着他们。

Su tranquila y gran presencia dejó a la manada en un breve silencio.

他平静而高大的身影让狼群陷入短暂的沉默。

Entonces el lobo más atrevido saltó hacia él sin dudarlo.

然后，最大胆的狼毫不犹豫地直接向他扑来。

Buck atacó rápidamente y rompió el cuello del lobo de un solo golpe.

巴克迅速出击，一击就折断了狼的脖子。

Se quedó inmóvil nuevamente mientras el lobo moribundo se retorcía detrás de él.

当垂死的狼在他身后扭动时，他再次一动不动地站着。

Tres lobos más atacaron rápidamente, uno tras otro.

又有三只狼迅速发动了攻击，一只接一只。

Todos retrocedieron sangrando, con la garganta o los hombros destrozados.

他们每个人都流着血撤退，喉咙或肩膀被割破。

Eso fue suficiente para que toda la manada se lanzara a una carga salvaje.

这足以引发整个狼群的疯狂冲锋。

Se precipitaron juntos, demasiado ansiosos y apiñados para golpear bien.

他们一起冲了进来，因为太急切和拥挤而无法进行有效打击。

La velocidad y habilidad de Buck le permitieron mantenerse por delante del ataque.

巴克的速度和技巧使他在进攻中保持领先。

Giró sobre sus patas traseras, chasqueando y golpeando en todas direcciones.

他用后腿旋转，向各个方向猛击和攻击。

Para los lobos, esto parecía como si su defensa nunca se abriera ni flaqueara.

对于狼队来说，这看起来就像他的防守从未打开或动摇过。

Se giró y atacó tan rápido que no pudieron alcanzarlo.

他转身猛砍，速度之快让他们根本无法追上他。

Sin embargo, su número le obligó a ceder terreno y retroceder.

尽管如此，敌军人数众多，迫使他退却。

Pasó junto a la piscina y bajó al lecho rocoso del arroyo.

他穿过水池，来到岩石河床。

Allí se topó con un empinado banco de grava y tierra.

在那里，他遇到了一处陡峭的砾石和泥土堤岸。

Se metió en un rincón cortado durante la antigua excavación de los mineros.

他挤进了矿工们以前挖掘时挖出的一个角落。

Ahora, protegido por tres lados, Buck se enfrentaba únicamente al lobo frontal.

现在，巴克受到了三面保护，只需面对最前面的狼。

Allí se mantuvo a raya, listo para la siguiente ola de asalto.

他在那里坚守阵地，准备迎接下一波攻击。

Buck se mantuvo firme con tanta fiereza que los lobos retrocedieron.

巴克死命坚守阵地，狼群都向后退缩了。

Después de media hora, estaban agotados y visiblemente derrotados.

半小时后，他们已经筋疲力尽，明显失败了。

Sus lenguas colgaban y sus colmillos blancos brillaban a la luz de la luna.

它们的舌头伸出来，白色的尖牙在月光下闪闪发光。

Algunos lobos se tumbaron, con la cabeza levantada y las orejas apuntando hacia Buck.

一些狼躺下，抬起头，竖起耳朵看着巴克。

Otros permanecieron inmóviles, alertas y observando cada uno de sus movimientos.

其他人则站着不动，警惕地注视着他的一举一动。

Algunos se acercaron a la piscina y bebieron agua fría.

一些人漫步到水池边，舔着冷水。

Entonces un lobo gris, largo y delgado, se acercó sigilosamente.

然后，一只瘦长的灰狼温和地爬了过来。

Buck lo reconoció: era el hermano salvaje de antes.

巴克认出了他——他就是之前的那个野蛮兄弟。

El lobo gris gimió suavemente y Buck respondió con un gemido.

灰狼轻轻地哀嚎了一声，巴克也用哀嚎回应。

Se tocaron las narices, en silencio y sin amenaza ni miedo.

他们轻轻地碰了碰鼻子，没有任何威胁或恐惧。

Luego vino un lobo más viejo, demacrado y lleno de cicatrices por muchas batallas.

接下来是一只年长的狼，它因多次战斗而憔悴不堪，身上满是伤疤。

Buck empezó a gruñir, pero se detuvo y olió la nariz del viejo lobo.

巴克开始咆哮，但停下来嗅了嗅老狼的鼻子。

El viejo se sentó, levantó la nariz y aulló a la luna.

老的那只坐下来，扬起鼻子，对着月亮嚎叫。

El resto de la manada se sentó y se unió al largo aullido.

其余的狼也坐下来，加入长嚎。

Y ahora el llamado llegó a Buck, inconfundible y fuerte.

现在，巴克收到了一个明确而强烈的呼唤。

Se sentó, levantó la cabeza y aulló con los demás.

他坐下来，抬起头，和其他人一起嚎叫。

Cuando terminaron los aullidos, Buck salió de su refugio rocoso.

当嚎叫声结束时，巴克走出了岩石庇护所。

La manada se cerró a su alrededor, olfateando con amabilidad y cautela.

狼群围住了他，既友善又警惕地嗅着他的气息。

Entonces los líderes dieron un grito y salieron corriendo hacia el bosque.

然后领头的那群狼大叫一声，冲进了森林。

Los demás lobos los siguieron, aullando a coro, salvajes y rápidos en la noche.

其他狼也紧随其后，齐声嚎叫，在夜色中狂野而迅速。

Buck corrió con ellos, al lado de su hermano salvaje, aullando mientras corría.

巴克和他们一起奔跑，在他那野性的兄弟旁边，一边跑一边嚎叫。

Aquí la historia de Buck llega bien a su fin.

到这里，巴克的故事终于结束了。

En los años siguientes, los Yeehat notaron lobos extraños.

在随后的几年里，伊哈特人注意到了奇怪的狼。

Algunos tenían la cabeza y el hocico de color marrón y el pecho de color blanco.

有些动物的头部和口鼻部呈棕色，胸部呈白色。

Pero aún más temían una figura fantasmal entre los lobos.

但他们更害怕狼群中出现的幽灵。

Hablaban en susurros del Perro Fantasma, líder de la manada.

他们低声谈论着这群狗的首领——幽灵狗。

Este perro fantasma tenía más astucia que el cazador Yeehat más audaz.

这只幽灵狗比最大胆的 Yeehat 猎人还要狡猾。

El perro fantasma robó de los campamentos en pleno invierno y destrozó sus trampas.

幽灵狗在隆冬时节从营地偷走东西并撕碎了陷阱。

El perro fantasma mató a sus perros y escapó de sus flechas sin dejar rastro.

鬼狗杀死了他们的狗，躲过了他们的箭，无影无踪。

Incluso sus guerreros más valientes temían enfrentarse a este espíritu salvaje.

即使是最勇敢的战士也害怕面对这个野蛮的灵魂。

No, la historia se vuelve aún más oscura a medida que pasan los años en la naturaleza.

不，随着荒野中岁月的流逝，故事变得更加黑暗。

Algunos cazadores desaparecen y nunca regresan a sus campamentos distantes.

一些猎人消失了，再也没有回到遥远的营地。

Otros aparecen con la garganta abierta, muertos en la nieve.

其他人被发现喉咙被撕开，被杀害在雪地里。

Alrededor de sus cuerpos hay huellas más grandes que las que cualquier lobo podría dejar.

它们的身体周围有足迹——
比任何狼留下的足迹都要大。

Cada otoño, los Yeehats siguen el rastro del alce.

每年秋天，耶哈特人都会追寻驼鹿的踪迹。

Pero evitan un valle con el miedo grabado en lo profundo de sus corazones.

但他们避开了一个山谷，因为恐惧深深地刻在了他们的心里。

Dicen que el valle fue elegido por el Espíritu Maligno para vivir.

据说这个山谷是恶魔选定的家园。

Y cuando se cuenta la historia, algunas mujeres lloran junto al fuego.

当这个故事被讲述出来时，一些妇女在火堆旁哭泣。

Pero en verano, un visitante llega a ese tranquilo valle sagrado.

但到了夏天，一位游客来到了那座安静、神圣的山谷。

Los Yeehats no saben de él, ni tampoco pueden entenderlo.

耶哈特人不认识他，也无法理解他。

El lobo es grande, revestido de gloria, como ningún otro de su especie.

这只狼非常伟大，浑身散发着荣耀，与同类中其他狼都不一样。

Él solo cruza el bosque verde y entra en el claro.

他独自一人穿过绿色树林，进入森林空地。

Allí, el polvo dorado de los sacos de piel de alce se filtra en el suelo.

在那里，驼鹿皮袋里的金色粉末渗入土壤。

La hierba y las hojas viejas han ocultado el amarillo al sol.

草和老叶遮住了阳光下的黄色。

Aquí, el lobo permanece en silencio, pensando y recordando.

在这里，狼默默地站着，思考着，回忆着。

Aúlla una vez, largo y triste, antes de darse la vuelta para irse.

他转身离开之前，发出一声漫长而悲伤的嚎叫。

Pero no siempre está solo en la tierra del frío y la nieve.

然而，在这片寒冷冰雪的土地上，他并不总是孤独的。

Cuando las largas noches de invierno descienden sobre los valles inferiores.

当漫长的冬夜降临低洼山谷时。

Cuando los lobos persiguen a la presa a través de la luz de la luna y las heladas.

当狼群在月光和霜冻中追逐猎物时。

Luego corre a la cabeza del grupo, saltando alto y salvajemente.

然后他跑在队伍的最前面，高高跃起，狂野不已。

Su figura se eleva sobre las demás y su garganta está llena de canciones.

他的身形高大，嗓音中充满歌声。

Es la canción del mundo más joven, la voz de la manada.

这是年轻世界的歌声，是狼群的声音。

Canta mientras corre: fuerte, libre y eternamente salvaje.

他一边奔跑一边歌唱——坚强、自由、永远狂野。